本书编写组◎编

SHICHANG ZHUTI DENGJI GUANLI TIAOLI SHIYONG SHOUCE

市场主体登记管理条例实用手册

关联对照、登记文书、登记提交材料

中国法制出版社
CHINA LEGAL PUBLISHING HOUSE

PREFACE | 编写说明

市场主体是经济的力量载体，要千方百计把市场主体保护好，为经济发展积蓄基本力量。2021 年 8 月，国务院制定公布了《中华人民共和国市场主体登记管理条例》，自 2022 年 3 月 1 日起正式施行。这是我国制定出台的第一部统一规范各类市场主体登记管理的行政法规，为保护市场主体合法权益、促进创业创新、维护市场秩序提供了法治保障。

为服务商事制度改革工作大局，便于广大读者学习使用市场主体登记相关规定，结合法条内容及阅读习惯，我们全新打造了市场主体登记管理条例实用手册一书。

本书秉承了编排科学、新颖、实用，且易于携带、检索方便的特点，完整收录了市场主体登记管理条例及其实施细则关联对照、市场主体登记文书规范及市场主体登记提交材料规范，在确保法律文本准确的基础上，为方便读者使用，进行了必要的编辑加工处理。

由于编写和出版时间紧迫，虽尽心竭力，但疏漏之处在所难免，敬请广大读者批评指正。

本书编写组

CONTENTS | 目录

一 市场主体登记条例及其实施细则关联对照

二 市场主体登记文书规范

三 市场主体登记提交材料规范

一

市场主体登记条例及其实施细则关联对照

中华人民共和国市场主体登记管理条例

（2021年4月14日国务院第131次常务会议通过　2021年7月27日中华人民共和国国务院令第746号公布　自2022年3月1日起施行）

第一章　总　　则

第一条　为了规范市场主体登记管理行为，推进法治化市场建设，维护良好市场秩序和市场主体合法权益，优化营商环境，制定本条例。

关联对照

《市场主体登记管理条例实施细则》[①]

第一条　根据《中华人民共和国市场主体登记管理条例》（以下简称《条例》）等有关法律法规，制定本实施细则。

第二条　本条例所称市场主体，是指在中华人民共和国境内以营利为目的从事经营活动的下列自然人、法人及非法人组织：

（一）公司、非公司企业法人及其分支机构；

（二）个人独资企业、合伙企业及其分支机构；

（三）农民专业合作社（联合社）及其分支机构；

（四）个体工商户；

（五）外国公司分支机构；

① 《中华人民共和国市场主体登记管理条例实施细则》（本书简称《市场主体登记管理条例实施细则》），2022年3月1日国家市场监督管理总局令第52号公布，自公布之日起施行。

（六）法律、行政法规规定的其他市场主体。

第三条 市场主体应当依照本条例办理登记。未经登记，不得以市场主体名义从事经营活动。法律、行政法规规定无需办理登记的除外。

市场主体登记包括设立登记、变更登记和注销登记。

第四条 市场主体登记管理应当遵循依法合规、规范统一、公开透明、便捷高效的原则。

关联对照

《市场主体登记管理条例实施细则》

第二条 市场主体登记管理应当遵循依法合规、规范统一、公开透明、便捷高效的原则。

第五条 国务院市场监督管理部门主管全国市场主体登记管理工作。

县级以上地方人民政府市场监督管理部门主管本辖区市场主体登记管理工作，加强统筹指导和监督管理。

关联对照

《市场主体登记管理条例实施细则》

第三条 国家市场监督管理总局主管全国市场主体统一登记管理工作，制定市场主体登记管理的制度措施，推进登记全程电子化，规范登记行为，指导地方登记机关依法有序开展登记管理工作。

县级以上地方市场监督管理部门主管本辖区市场主体登记管理工作，加强对辖区内市场主体登记管理工作的统筹指导和监督管理，提升登记管理水平。

县级市场监督管理部门的派出机构可以依法承担个体工

商户等市场主体的登记管理职责。

各级登记机关依法履行登记管理职责，执行全国统一的登记管理政策文件和规范要求，使用统一的登记材料、文书格式，以及省级统一的市场主体登记管理系统，优化登记办理流程，推行网上办理等便捷方式，健全数据安全管理制度，提供规范化、标准化登记管理服务。

第四条 省级以上人民政府或者其授权的国有资产监督管理机构履行出资人职责的公司，以及该公司投资设立并持有50%以上股权或者股份的公司的登记管理由省级登记机关负责；股份有限公司的登记管理由地市级以上地方登记机关负责。

除前款规定的情形外，省级市场监督管理部门依法对本辖区登记管辖作出统一规定；上级登记机关在特定情形下，可以依法将部分市场主体登记管理工作交由下级登记机关承担，或者承担下级登记机关的部分登记管理工作。

外商投资企业登记管理由国家市场监督管理总局或者其授权的地方市场监督管理部门负责。

第六条 国务院市场监督管理部门应当加强信息化建设，制定统一的市场主体登记数据和系统建设规范。

县级以上地方人民政府承担市场主体登记工作的部门（以下称登记机关）应当优化市场主体登记办理流程，提高市场主体登记效率，推行当场办结、一次办结、限时办结等制度，实现集中办理、就近办理、网上办理、异地可办，提升市场主体登记便利化程度。

关联对照

《市场主体登记管理条例实施细则》

第五条 国家市场监督管理总局应当加强信息化建设，统一登记管理业务规范、数据标准和平台服务接口，归集全国市场主体登记管理信息。

省级市场监督管理部门主管本辖区登记管理信息化建设，建立统一的市场主体登记管理系统，归集市场主体登记管理信息，规范市场主体登记注册流程，提升政务服务水平，强化部门间信息共享和业务协同，提升市场主体登记管理便利化程度。

第七条 国务院市场监督管理部门和国务院有关部门应当推动市场主体登记信息与其他政府信息的共享和运用，提升政府服务效能。

关联对照

《市场主体登记管理条例实施细则》

第五十九条 登记机关应当负责建立市场主体登记管理档案，对在登记、备案过程中形成的具有保存价值的文件依法分类，有序收集管理，推动档案电子化、影像化，提供市场主体登记管理档案查询服务。

第六十条 申请查询市场主体登记管理档案，应当按照下列要求提交材料：

（一）公安机关、国家安全机关、检察机关、审判机关、纪检监察机关、审计机关等国家机关进行查询，应当出具本部门公函及查询人员的有效证件；

（二）市场主体查询自身登记管理档案，应当出具授权委托书及查询人员的有效证件；

（三）律师查询与承办法律事务有关市场主体登记管理档案，应当出具执业证书、律师事务所证明以及相关承诺书。

除前款规定情形外，省级以上市场监督管理部门可以结合工作实际，依法对档案查询范围以及提交材料作出规定。

第六十一条 登记管理档案查询内容涉及国家秘密、商业秘密、个人信息的，应当按照有关法律法规规定办理。

第六十二条 市场主体发生住所（主要经营场所、经营场所）迁移的，登记机关应当于3个月内将所有登记管理档案移交迁入地登记机关管理。档案迁出、迁入应当记录备案。

第二章 登记事项

第八条 市场主体的一般登记事项包括：

（一）名称；

（二）主体类型；

（三）经营范围；

（四）住所或者主要经营场所；

（五）注册资本或者出资额；

（六）法定代表人、执行事务合伙人或者负责人姓名。

除前款规定外，还应当根据市场主体类型登记下列事项：

（一）有限责任公司股东、股份有限公司发起人、非公司企业法人出资人的姓名或者名称；

（二）个人独资企业的投资人姓名及居所；

（三）合伙企业的合伙人名称或者姓名、住所、承担责任方式；

（四）个体工商户的经营者姓名、住所、经营场所；

（五）法律、行政法规规定的其他事项。

关联对照

《市场主体登记管理条例实施细则》

第六条 市场主体应当按照类型依法登记下列事项：

（一）公司：名称、类型、经营范围、住所、注册资本、法定代表人姓名、有限责任公司股东或者股份有限公司发起人姓名或者名称。

（二）非公司企业法人：名称、类型、经营范围、住所、出资额、法定代表人姓名、出资人（主管部门）名称。

（三）个人独资企业：名称、类型、经营范围、住所、出资额、投资人姓名及居所。

（四）合伙企业：名称、类型、经营范围、主要经营场所、出资额、执行事务合伙人名称或者姓名，合伙人名称或者姓名、住所、承担责任方式。执行事务合伙人是法人或者其他组织的，登记事项还应当包括其委派的代表姓名。

（五）农民专业合作社（联合社）：名称、类型、经营范围、住所、出资额、法定代表人姓名。

（六）分支机构：名称、类型、经营范围、经营场所、负责人姓名。

（七）个体工商户：组成形式、经营范围、经营场所，经营者姓名、住所。个体工商户使用名称的，登记事项还应当包括名称。

（八）法律、行政法规规定的其他事项。

第九条 申请人应当依法申请登记下列市场主体类型：

（一）有限责任公司、股份有限公司；

（二）全民所有制企业、集体所有制企业、联营企业；

（三）个人独资企业；

(四) 普通合伙（含特殊普通合伙）企业、有限合伙企业；

(五) 农民专业合作社、农民专业合作社联合社；

(六) 个人经营的个体工商户、家庭经营的个体工商户。

分支机构应当按所属市场主体类型注明分公司或者相应的分支机构。

第十一条 申请人申请登记市场主体法定代表人、执行事务合伙人（含委派代表），应当符合章程或者协议约定。

合伙协议未约定或者全体合伙人未决定委托执行事务合伙人的，除有限合伙人外，申请人应当将其他合伙人均登记为执行事务合伙人。

第七十八条 本实施细则所指申请人，包括设立登记时的申请人、依法设立后的市场主体。

第九条 市场主体的下列事项应当向登记机关办理备案：

(一) 章程或者合伙协议；

(二) 经营期限或者合伙期限；

(三) 有限责任公司股东或者股份有限公司发起人认缴的出资数额，合伙企业合伙人认缴或者实际缴付的出资数额、缴付期限和出资方式；

(四) 公司董事、监事、高级管理人员；

(五) 农民专业合作社（联合社）成员；

(六) 参加经营的个体工商户家庭成员姓名；

(七) 市场主体登记联络员、外商投资企业法律文件送达接受人；

(八) 公司、合伙企业等市场主体受益所有人相关信息；

(九) 法律、行政法规规定的其他事项。

关联对照

《市场主体登记管理条例实施细则》

第七条 市场主体应当按照类型依法备案下列事项：

（一）公司：章程、经营期限、有限责任公司股东或者股份有限公司发起人认缴的出资数额、董事、监事、高级管理人员、登记联络员、外商投资公司法律文件送达接受人。

（二）非公司企业法人：章程、经营期限、登记联络员。

（三）个人独资企业：登记联络员。

（四）合伙企业：合伙协议、合伙期限、合伙人认缴或者实际缴付的出资数额、缴付期限和出资方式、登记联络员、外商投资合伙企业法律文件送达接受人。

（五）农民专业合作社（联合社）：章程、成员、登记联络员。

（六）分支机构：登记联络员。

（七）个体工商户：家庭参加经营的家庭成员姓名、登记联络员。

（八）公司、合伙企业等市场主体受益所有人相关信息。

（九）法律、行政法规规定的其他事项。

上述备案事项由登记机关在设立登记时一并进行信息采集。

受益所有人信息管理制度由中国人民银行会同国家市场监督管理总局另行制定。

第十条 市场主体只能登记一个名称，经登记的市场主体名称受法律保护。

市场主体名称由申请人依法自主申报。

关联对照

《市场主体登记管理条例实施细则》

第八条 市场主体名称由申请人依法自主申报。

第三十四条 市场主体变更名称，可以自主申报名称并在保留期届满前申请变更登记，也可以直接申请变更登记。

第十一条 市场主体只能登记一个住所或者主要经营场所。

电子商务平台内的自然人经营者可以根据国家有关规定，将电子商务平台提供的网络经营场所作为经营场所。

省、自治区、直辖市人民政府可以根据有关法律、行政法规的规定和本地区实际情况，自行或者授权下级人民政府对住所或者主要经营场所作出更加便利市场主体从事经营活动的具体规定。

关联对照

《市场主体登记管理条例实施细则》

第十条 申请人应当根据市场主体类型依法向其住所（主要经营场所、经营场所）所在地具有登记管辖权的登记机关办理登记。

第十二条 有下列情形之一的，不得担任公司、非公司企业法人的法定代表人：

（一）无民事行为能力或者限制民事行为能力；

（二）因贪污、贿赂、侵占财产、挪用财产或者破坏社会主义市场经济秩序被判处刑罚，执行期满未逾5年，或者因犯罪被剥夺政治权利，执行期满未逾5年；

（三）担任破产清算的公司、非公司企业法人的法定代表人、董事或者厂长、经理，对破产负有个人责任的，自破产清算完结之日起未逾3年；

（四）担任因违法被吊销营业执照、责令关闭的公司、非公司企业法人的法定代表人，并负有个人责任的，自被吊销营业执照之日起未逾 3 年；

（五）个人所负数额较大的债务到期未清偿；

（六）法律、行政法规规定的其他情形。

第十三条　除法律、行政法规或者国务院决定另有规定外，市场主体的注册资本或者出资额实行认缴登记制，以人民币表示。

出资方式应当符合法律、行政法规的规定。公司股东、非公司企业法人出资人、农民专业合作社（联合社）成员不得以劳务、信用、自然人姓名、商誉、特许经营权或者设定担保的财产等作价出资。

关联对照

《市场主体登记管理条例实施细则》

第十三条　申请人申请登记的市场主体注册资本（出资额）应当符合章程或者协议约定。

市场主体注册资本（出资额）以人民币表示。外商投资企业的注册资本（出资额）可以用可自由兑换的货币表示。

依法以境内公司股权或者债权出资的，应当权属清楚、权能完整，依法可以评估、转让，符合公司章程规定。

第三十六条　市场主体变更注册资本或者出资额的，应当办理变更登记。

公司增加注册资本，有限责任公司股东认缴新增资本的出资和股份有限公司的股东认购新股的，应当按照设立时缴纳出资和缴纳股款的规定执行。股份有限公司以公开发行新股方式或者上市公司以非公开发行新股方式增加注册资本，还应当提交国务院证券监督管理机构的核准或者注册文件。

公司减少注册资本，可以通过国家企业信用信息公示系统公告，公告期45日，应当于公告期届满后申请变更登记。法律、行政法规或者国务院决定对公司注册资本有最低限额规定的，减少后的注册资本应当不少于最低限额。

外商投资企业注册资本（出资额）币种发生变更，应当向登记机关申请变更登记。

第十四条 市场主体的经营范围包括一般经营项目和许可经营项目。经营范围中属于在登记前依法须经批准的许可经营项目，市场主体应当在申请登记时提交有关批准文件。

市场主体应当按照登记机关公布的经营项目分类标准办理经营范围登记。

关联对照

《市场主体登记管理条例实施细则》

第十二条 申请人应当按照国家市场监督管理总局发布的经营范围规范目录，根据市场主体主要行业或者经营特征自主选择一般经营项目和许可经营项目，申请办理经营范围登记。

第三章 登记规范

第十五条 市场主体实行实名登记。申请人应当配合登记机关核验身份信息。

关联对照

《市场主体登记管理条例实施细则》

第十六条 在办理登记、备案事项时，申请人应当配合登记机关通过实名认证系统，采用人脸识别等方式对下列人员进行实名验证：

（一）法定代表人、执行事务合伙人（含委派代表）、负责人；

（二）有限责任公司股东、股份有限公司发起人、公司董事、监事及高级管理人员；

（三）个人独资企业投资人、合伙企业合伙人、农民专业合作社（联合社）成员、个体工商户经营者；

（四）市场主体登记联络员、外商投资企业法律文件送达接受人；

（五）指定的代表人或者委托代理人。

因特殊原因，当事人无法通过实名认证系统核验身份信息的，可以提交经依法公证的自然人身份证明文件，或者由本人持身份证件到现场办理。

第十六条 申请办理市场主体登记，应当提交下列材料：

（一）申请书；

（二）申请人资格文件、自然人身份证明；

（三）住所或者主要经营场所相关文件；

（四）公司、非公司企业法人、农民专业合作社（联合社）章程或者合伙企业合伙协议；

（五）法律、行政法规和国务院市场监督管理部门规定提交的其他材料。

国务院市场监督管理部门应当根据市场主体类型分别制定登记材料清单和文书格式样本，通过政府网站、登记机关服务窗口等向社会公开。

登记机关能够通过政务信息共享平台获取的市场主体登记相关信息，不得要求申请人重复提供。

关联对照

《市场主体登记管理条例实施细则》

第十五条 申请人应当在申请材料上签名或者盖章。

申请人可以通过全国统一电子营业执照系统等电子签名工具和途径进行电子签名或者电子签章。符合法律规定的可靠电子签名、电子签章与手写签名或者盖章具有同等法律效力。

第十七条第一款 办理市场主体登记、备案事项，申请人可以到登记机关现场提交申请，也可以通过市场主体登记注册系统提出申请。

第二十五条 申请办理设立登记，应当提交下列材料：

（一）申请书；

（二）申请人主体资格文件或者自然人身份证明；

（三）住所（主要经营场所、经营场所）相关文件；

（四）公司、非公司企业法人、农民专业合作社（联合社）章程或者合伙企业合伙协议。

第二十四条 外国投资者在中国境内设立外商投资企业，其主体资格文件或者自然人身份证明应当经所在国家公证机关公证并经中国驻该国使（领）馆认证。中国与有关国家缔结或者共同参加的国际条约对认证另有规定的除外。

香港特别行政区、澳门特别行政区和台湾地区投资者的主体资格文件或者自然人身份证明应当按照专项规定或者协议，依法提供当地公证机构的公证文件。按照国家有关规定，无需提供公证文件的除外。

第二十六条　申请办理公司设立登记，还应当提交法定代表人、董事、监事和高级管理人员的任职文件和自然人身份证明。

除前款规定的材料外，募集设立股份有限公司还应当提交依法设立的验资机构出具的验资证明；公开发行股票的，还应当提交国务院证券监督管理机构的核准或者注册文件。涉及发起人首次出资属于非货币财产的，还应当提交已办理财产权转移手续的证明文件。

第二十七条　申请设立非公司企业法人，还应当提交法定代表人的任职文件和自然人身份证明。

第二十八条　申请设立合伙企业，还应当提交下列材料：

（一）法律、行政法规规定设立特殊的普通合伙企业需要提交合伙人的职业资格文件的，提交相应材料；

（二）全体合伙人决定委托执行事务合伙人的，应当提交全体合伙人的委托书和执行事务合伙人的主体资格文件或者自然人身份证明。执行事务合伙人是法人或者其他组织的，还应当提交其委派代表的委托书和自然人身份证明。

第二十九条　申请设立农民专业合作社（联合社），还应当提交下列材料：

（一）全体设立人签名或者盖章的设立大会纪要；

（二）法定代表人、理事的任职文件和自然人身份证明；

（三）成员名册和出资清单，以及成员主体资格文件或者自然人身份证明。

第三十条　申请办理分支机构设立登记，还应当提交负责人的任职文件和自然人身份证明。

第十七条 申请人应当对提交材料的真实性、合法性和有效性负责。

关联对照

《市场主体登记管理条例实施细则》

第十七条第二、三款 申请人对申请材料的真实性、合法性、有效性负责。

办理市场主体登记、备案事项，应当遵守法律法规，诚实守信，不得利用市场主体登记，牟取非法利益，扰乱市场秩序，危害国家安全、社会公共利益。

第十九条第二款 利害关系人就市场主体申请材料的真实性、合法性、有效性或者其他有关实体权利提起诉讼或者仲裁，对登记机关依法登记造成影响的，申请人应当在诉讼或者仲裁终结后，向登记机关申请办理登记。

第七十六条 利用市场主体登记，牟取非法利益，扰乱市场秩序，危害国家安全、社会公共利益的，法律、行政法规有规定的，依照其规定；法律、行政法规没有规定的，由登记机关处10万元以下的罚款。

第十八条 申请人可以委托其他自然人或者中介机构代其办理市场主体登记。受委托的自然人或者中介机构代为办理登记事宜应当遵守有关规定，不得提供虚假信息和材料。

关联对照

《市场主体登记管理条例实施细则》

第十四条 申请人可以自行或者指定代表人、委托代理人办理市场主体登记、备案事项。

第十九条 登记机关应当对申请材料进行形式审查。对申请材料齐全、符合法定形式的予以确认并当场登记。不能当场登记的，应当在3个工作日内予以登记；情形复杂的，经登记机关负责人批准，可以再延长3个工作日。

申请材料不齐全或者不符合法定形式的，登记机关应当一次性告知申请人需要补正的材料。

关联对照

《市场主体登记管理条例实施细则》

第十八条 申请材料齐全、符合法定形式的，登记机关予以确认，并当场登记，出具登记通知书，及时制发营业执照。

不予当场登记的，登记机关应当向申请人出具接收申请材料凭证，并在3个工作日内对申请材料进行审查；情形复杂的，经登记机关负责人批准，可以延长3个工作日，并书面告知申请人。

申请材料不齐全或者不符合法定形式的，登记机关应当将申请材料退还申请人，并一次性告知申请人需要补正的材料。申请人补正后，应当重新提交申请材料。

不属于市场主体登记范畴或者不属于本登记机关登记管辖范围的事项，登记机关应当告知申请人向有关行政机关申请。

第二十条 登记申请不符合法律、行政法规规定，或者可能危害国家安全、社会公共利益的，登记机关不予登记并说明理由。

关联对照

《市场主体登记管理条例实施细则》

第十九条第一款 市场主体登记申请不符合法律、行政法规或者国务院决定规定，或者可能危害国家安全、社会公共利益的，登记机关不予登记，并出具不予登记通知书。

第二十一条 申请人申请市场主体设立登记，登记机关依法予以登记的，签发营业执照。营业执照签发日期为市场主体的成立日期。

法律、行政法规或者国务院决定规定设立市场主体须经批准的，应当在批准文件有效期内向登记机关申请登记。

关联对照

《市场主体登记管理条例实施细则》

第二十二条 法律、行政法规或者国务院决定规定市场主体申请登记、备案事项前需要审批的，在办理登记、备案时，应当在有效期内提交有关批准文件或者许可证书。有关批准文件或者许可证书未规定有效期限，自批准之日起超过90日的，申请人应当报审批机关确认其效力或者另行报批。

市场主体设立后，前款规定批准文件或者许可证书内容有变化、被吊销、撤销或者有效期届满的，应当自批准文件、许可证书重新批准之日或者被吊销、撤销、有效期届满之日起30日内申请办理变更登记或者注销登记。

第二十二条 营业执照分为正本和副本，具有同等法律效力。

电子营业执照与纸质营业执照具有同等法律效力。

营业执照样式、电子营业执照标准由国务院市场监督管理部门统一制定。

关联对照

《市场主体登记管理条例实施细则》

第二十三条 市场主体营业执照应当载明名称、法定代表人（执行事务合伙人、个人独资企业投资人、经营者或者负责人）姓名、类型（组成形式）、注册资本（出资额）、住所（主要经营场所、经营场所）、经营范围、登记机关、成立日期、统一社会信用代码。

电子营业执照与纸质营业执照具有同等法律效力，市场主体可以凭电子营业执照开展经营活动。

市场主体在办理涉及营业执照记载事项变更登记或者申请注销登记时，需要在提交申请时一并缴回纸质营业执照正、副本。对于市场主体营业执照拒不缴回或者无法缴回的，登记机关在完成变更登记或者注销登记后，通过国家企业信用信息公示系统公告营业执照作废。

第二十三条 市场主体设立分支机构，应当向分支机构所在地的登记机关申请登记。

关联对照

《市场主体登记管理条例实施细则》

第二十一条 公司或者农民专业合作社（联合社）合并、分立的，可以通过国家企业信用信息公示系统公告，公告期45日，应当于公告期届满后申请办理登记。

非公司企业法人合并、分立的，应当经出资人（主管部门）批准，自批准之日起30日内申请办理登记。

市场主体设立分支机构的，应当自决定作出之日起30日内向分支机构所在地登记机关申请办理登记。

第二十四条　市场主体变更登记事项，应当自作出变更决议、决定或者法定变更事项发生之日起30日内向登记机关申请变更登记。

市场主体变更登记事项属于依法须经批准的，申请人应当在批准文件有效期内向登记机关申请变更登记。

关联对照

《市场主体登记管理条例实施细则》

第三十一条　市场主体变更登记事项，应当自作出变更决议、决定或者法定变更事项发生之日起30日内申请办理变更登记。

市场主体登记事项变更涉及分支机构登记事项变更的，应当自市场主体登记事项变更登记之日起30日内申请办理分支机构变更登记。

第三十二条　申请办理变更登记，应当提交申请书，并根据市场主体类型及具体变更事项分别提交下列材料：

（一）公司变更事项涉及章程修改的，应当提交修改后的章程或者章程修正案；需要对修改章程作出决议决定的，还应当提交相关决议决定；

（二）合伙企业应当提交全体合伙人或者合伙协议约定的人员签署的变更决定书；变更事项涉及修改合伙协议的，应当提交由全体合伙人签署或者合伙协议约定的人员签署修改或者补充的合伙协议；

（三）农民专业合作社（联合社）应当提交成员大会或者成员代表大会作出的变更决议；变更事项涉及章程修改的应当提交修改后的章程或者章程修正案。

第三十七条　公司变更类型，应当按照拟变更公司类型的设立条件，在规定的期限内申请变更登记，并提交有关材料。

非公司企业法人申请改制为公司，应当按照拟变更的公司类型设立条件，在规定期限内申请变更登记，并提交有关材料。

个体工商户申请转变为企业组织形式，应当按照拟变更的企业类型设立条件申请登记。

第三十八条 个体工商户变更经营者，应当在办理注销登记后，由新的经营者重新申请办理登记。双方经营者同时申请办理的，登记机关可以合并办理。

第二十五条 公司、非公司企业法人的法定代表人在任职期间发生本条例第十二条所列情形之一的，应当向登记机关申请变更登记。

关联对照

《市场主体登记管理条例实施细则》

第二十条第一款 市场主体法定代表人依法受到任职资格限制的，在申请办理其他变更登记时，应当依法及时申请办理法定代表人变更登记。

第三十三条 市场主体更换法定代表人、执行事务合伙人（含委派代表）、负责人的变更登记申请由新任法定代表人、执行事务合伙人（含委派代表）、负责人签署。

第二十六条 市场主体变更经营范围，属于依法须经批准的项目的，应当自批准之日起30日内申请变更登记。许可证或者批准文件被吊销、撤销或者有效期届满的，应当自许可证或者批准文件被吊销、撤销或者有效期届满之日起 30 日内向登记机关申请变更登记或者办理注销登记。

第二十七条 市场主体变更住所或者主要经营场所跨登记机关辖区的，应当在迁入新的住所或者主要经营场所前，向迁入地登记机关申请变更登记。迁出地登记机关无正当理由不得拒绝移交市场主体档案等相关材料。

关联对照

《市场主体登记管理条例实施细则》

第二十条第二款 市场主体因通过登记的住所（主要经营场所、经营场所）无法取得联系被列入经营异常名录的，在申请办理其他变更登记时，应当依法及时申请办理住所（主要经营场所、经营场所）变更登记。

第三十五条 市场主体变更住所（主要经营场所、经营场所），应当在迁入新住所（主要经营场所、经营场所）前向迁入地登记机关申请变更登记，并提交新的住所（主要经营场所、经营场所）使用相关文件。

第二十八条 市场主体变更登记涉及营业执照记载事项的，登记机关应当及时为市场主体换发营业执照。

第二十九条 市场主体变更本条例第九条规定的备案事项的，应当自作出变更决议、决定或者法定变更事项发生之日起 30 日内向登记机关办理备案。农民专业合作社（联合社）成员发生变更的，应当自本会计年度终了之日起 90 日内向登记机关办理备案。

关联对照

《市场主体登记管理条例实施细则》

第三十九条 市场主体变更备案事项的，应当按照《条例》第二十九条规定办理备案。

农民专业合作社因成员发生变更，农民成员低于法定比例的，应当自事由发生之日起6个月内采取吸收新的农民成员入社等方式使农民成员达到法定比例。农民专业合作社联合社成员退社，成员数低于联合社设立法定条件的，应当自事由发生之日起6个月内采取吸收新的成员入社等方式使农民专业合作社联合社成员达到法定条件。

第三十条 因自然灾害、事故灾难、公共卫生事件、社会安全事件等原因造成经营困难的，市场主体可以自主决定在一定时期内歇业。法律、行政法规另有规定的除外。

市场主体应当在歇业前与职工依法协商劳动关系处理等有关事项。

市场主体应当在歇业前向登记机关办理备案。登记机关通过国家企业信用信息公示系统向社会公示歇业期限、法律文书送达地址等信息。

市场主体歇业的期限最长不得超过3年。市场主体在歇业期间开展经营活动的，视为恢复营业，市场主体应当通过国家企业信用信息公示系统向社会公示。

市场主体歇业期间，可以以法律文书送达地址代替住所或者主要经营场所。

关联对照

《市场主体登记管理条例实施细则》

第四十条 因自然灾害、事故灾难、公共卫生事件、社会安全事件等原因造成经营困难的，市场主体可以自主决定在一定时期内歇业。法律、行政法规另有规定的除外。

第四十一条 市场主体决定歇业，应当在歇业前向登记机关办理备案。登记机关通过国家企业信用信息公示系统向社会公示歇业期限、法律文书送达地址等信息。

以法律文书送达地址代替住所（主要经营场所、经营场所）的，应当提交法律文书送达地址确认书。

市场主体延长歇业期限，应当于期限届满前30日内按规定办理。

第四十二条 市场主体办理歇业备案后，自主决定开展或者已实际开展经营活动的，应当于30日内在国家企业信用信息公示系统上公示终止歇业。

市场主体恢复营业时，登记、备案事项发生变化的，应当及时办理变更登记或者备案。以法律文书送达地址代替住所（主要经营场所、经营场所）的，应当及时办理住所（主要经营场所、经营场所）变更登记。

市场主体备案的歇业期限届满，或者累计歇业满3年，视为自动恢复经营，决定不再经营的，应当及时办理注销登记。

第四十三条 歇业期间，市场主体以法律文书送达地址代替原登记的住所（主要经营场所、经营场所）的，不改变歇业市场主体的登记管辖。

第七十四条 市场主体未按照本实施细则第四十二条规定公示终止歇业的，由登记机关责令改正；拒不改正的，处3万元以下的罚款。

第三十一条 市场主体因解散、被宣告破产或者其他法定事由需要终止的，应当依法向登记机关申请注销登记。经登记机关注销登记，市场主体终止。

市场主体注销依法须经批准的，应当经批准后向登记机关申请注销登记。

关联对照

《市场主体登记管理条例实施细则》

第四十四条 市场主体因解散、被宣告破产或者其他法定事由需要终止的，应当依法向登记机关申请注销登记。依法需要清算的，应当自清算结束之日起30日内申请注销登记。依法不需要清算的，应当自决定作出之日起30日内申请注销登记。市场主体申请注销后，不得从事与注销无关的生产经营活动。自登记机关予以注销登记之日起，市场主体终止。

第四十六条 申请办理注销登记，应当提交下列材料：

（一）申请书；

（二）依法作出解散、注销的决议或者决定，或者被行政机关吊销营业执照、责令关闭、撤销的文件；

（三）清算报告、负责清理债权债务的文件或者清理债务完结的证明；

（四）税务部门出具的清税证明。

除前款规定外，人民法院指定清算人、破产管理人进行清算的，应当提交人民法院指定证明；合伙企业分支机构申请注销登记，还应当提交全体合伙人签署的注销分支机构决定书。

个体工商户申请注销登记的，无需提交第二项、第三项材料；因合并、分立而申请市场主体注销登记的，无需提交第三项材料。

第三十二条 市场主体注销登记前依法应当清算的，清算组应当自成立之日起 10 日内将清算组成员、清算组负责人名单通过国家企业信用信息公示系统公告。清算组可以通过国家企业信用信息公示系统发布债权人公告。

清算组应当自清算结束之日起 30 日内向登记机关申请注销登记。市场主体申请注销登记前，应当依法办理分支机构注销登记。

关联对照

《市场主体登记管理条例实施细则》

第四十五条 市场主体注销登记前依法应当清算的，清算组应当自成立之日起 10 日内将清算组成员、清算组负责人名单通过国家企业信用信息公示系统公告。清算组可以通过国家企业信用信息公示系统发布债权人公告。

第三十三条 市场主体未发生债权债务或者已将债权债务清偿完结，未发生或者已结清清偿费用、职工工资、社会保险费用、法定补偿金、应缴纳税款（滞纳金、罚款），并由全体投资人书面承诺对上述情况的真实性承担法律责任的，可以按照简易程序办理注销登记。

市场主体应当将承诺书及注销登记申请通过国家企业信用信息公示系统公示，公示期为 20 日。在公示期内无相关部门、债权人及其他利害关系人提出异议的，市场主体可以于公示期届满之日起 20 日内向登记机关申请注销登记。

个体工商户按照简易程序办理注销登记的，无需公示，由登记机关将个体工商户的注销登记申请推送至税务等有关部门，有关部门在 10 日内没有提出异议的，可以直接办理注销登记。

市场主体注销依法须经批准的，或者市场主体被吊销营业执照、责令关闭、撤销，或者被列入经营异常名录的，不适用简易注销程序。

关联对照

《市场主体登记管理条例实施细则》

第四十七条 申请办理简易注销登记，应当提交申请书和全体投资人承诺书。

第四十八条 有下列情形之一的，市场主体不得申请办理简易注销登记：

（一）在经营异常名录或者市场监督管理严重违法失信名单中的；

（二）存在股权（财产份额）被冻结、出质或者动产抵押，或者对其他市场主体存在投资的；

（三）正在被立案调查或者采取行政强制措施，正在诉讼或者仲裁程序中的；

（四）被吊销营业执照、责令关闭、撤销的；

（五）受到罚款等行政处罚尚未执行完毕的；

（六）不符合《条例》第三十三条规定的其他情形。

第四十九条 申请办理简易注销登记，市场主体应当将承诺书及注销登记申请通过国家企业信用信息公示系统公示，公示期为20日。

在公示期内无相关部门、债权人及其他利害关系人提出异议的，市场主体可以于公示期届满之日起20日内向登记机关申请注销登记。

第三十四条 人民法院裁定强制清算或者裁定宣告破产的，有关清算组、破产管理人可以持人民法院终结强制清算程序的裁定或者终结破产程序的裁定，直接向登记机关申请办理注销登记。

关联对照

《市场主体登记管理条例实施细则》

第七十九条 人民法院办理案件需要登记机关协助执行的，登记机关应当按照人民法院的生效法律文书和协助执行通知书，在法定职责范围内办理协助执行事项。

第四章 监督管理

第三十五条 市场主体应当按照国家有关规定公示年度报告和登记相关信息。

关联对照

《市场主体登记管理条例实施细则》

第六十三条 市场主体应当于每年1月1日至6月30日，通过国家企业信用信息公示系统报送上一年度年度报告，并向社会公示。

个体工商户可以通过纸质方式报送年度报告，并自主选择年度报告内容是否向社会公示。

歇业的市场主体应当按时公示年度报告。

第六十七条 市场主体被撤销设立登记、吊销营业执照、责令关闭，6个月内未办理清算组公告或者未申请注销登记的，登记机关可以在国家企业信用信息公示系统上对其作出特别标注并予以公示。

第七十条 市场主体未按照法律、行政法规规定的期限公示或者报送年度报告的，由登记机关列入经营异常名录，可以处1万元以下的罚款。

第三十六条 市场主体应当将营业执照置于住所或者主要经营场所的醒目位置。从事电子商务经营的市场主体应当在其首页显著位置持续公示营业执照信息或者相关链接标识。

关联对照

《市场主体登记管理条例实施细则》

第六十四条 市场主体应当将营业执照（含电子营业执照）置于住所（主要经营场所、经营场所）的醒目位置。

从事电子商务经营的市场主体应当在其首页显著位置持续公示营业执照信息或者其链接标识。

营业执照记载的信息发生变更时，市场主体应当于15日内完成对应信息的更新公示。市场主体被吊销营业执照的，登记机关应当将吊销情况标注于电子营业执照中。

第三十七条 任何单位和个人不得伪造、涂改、出租、出借、转让营业执照。

营业执照遗失或者毁坏的，市场主体应当通过国家企业信用信息公示系统声明作废，申请补领。

登记机关依法作出变更登记、注销登记和撤销登记决定的，市场主体应当缴回营业执照。拒不缴回或者无法缴回营业执照的，由登记机关通过国家企业信用信息公示系统公告营业执照作废。

第三十八条 登记机关应当根据市场主体的信用风险状况实施分级分类监管。

登记机关应当采取随机抽取检查对象、随机选派执法检查人员的方式，对市场主体登记事项进行监督检查，并及时向社会公开监督检查结果。

关联对照

《市场主体登记管理条例实施细则》

第六十五条 登记机关应当对登记注册、行政许可、日常监管、行政执法中的相关信息进行归集，根据市场主体的信用风险状况实施分级分类监管，并强化信用风险分类结果的综合应用。

第六十六条 登记机关应当随机抽取检查对象、随机选派执法检查人员，对市场主体的登记备案事项、公示信息情况等进行抽查，并将抽查检查结果通过国家企业信用信息公示系统向社会公示。必要时可以委托会计师事务所、税务师事务所、律师事务所等专业机构开展审计、验资、咨询等相关工作，依法使用其他政府部门作出的检查、核查结果或者专业机构作出的专业结论。

第三十九条 登记机关对市场主体涉嫌违反本条例规定的行为进行查处，可以行使下列职权：

（一）进入市场主体的经营场所实施现场检查；

（二）查阅、复制、收集与市场主体经营活动有关的合同、票据、账簿以及其他资料；

（三）向与市场主体经营活动有关的单位和个人调查了解情况；

（四）依法责令市场主体停止相关经营活动；

（五）依法查询涉嫌违法的市场主体的银行账户；

（六）法律、行政法规规定的其他职权。

登记机关行使前款第四项、第五项规定的职权的，应当经登记机关主要负责人批准。

第四十条 提交虚假材料或者采取其他欺诈手段隐瞒重要事实取得市场主体登记的，受虚假市场主体登记影响的自然人、法人和其他组织可以向登记机关提出撤销市场主体登记的申请。

登记机关受理申请后，应当及时开展调查。经调查认定存在虚假市场主体登记情形的，登记机关应当撤销市场主体登记。相关市场主体和人员无法联系或者拒不配合的，登记机关可以将相关市场主体的登记时间、登记事项等通过国家企业信用信息公示系统向社会公示，公示期为 45 日。相关市场主体及其利害关系人在公示期内没有提出异议的，登记机关可以撤销市场主体登记。

因虚假市场主体登记被撤销的市场主体，其直接责任人自市场主体登记被撤销之日起 3 年内不得再次申请市场主体登记。登记机关应当通过国家企业信用信息公示系统予以公示。

关联对照

《市场主体登记管理条例实施细则》

第五十条 对涉嫌提交虚假材料或者采取其他欺诈手段隐瞒重要事实取得市场主体登记的行为，登记机关可以根据当事人申请或者依职权主动进行调查。

第五十一条 受虚假登记影响的自然人、法人和其他组织，可以向登记机关提出撤销市场主体登记申请。涉嫌冒用自然人身份的虚假登记，被冒用人应当配合登记机关通过线上或者线下途径核验身份信息。

涉嫌虚假登记市场主体的登记机关发生变更的，由现登记机关负责处理撤销登记，原登记机关应当协助进行调查。

第五十二条 登记机关收到申请后，应当在 3 个工作日内作出是否受理的决定，并书面通知申请人。

有下列情形之一的，登记机关可以不予受理：

（一）涉嫌冒用自然人身份的虚假登记，被冒用人未能通过身份信息核验的；

（二）涉嫌虚假登记的市场主体已注销的，申请撤销注销登记的除外；

（三）其他依法不予受理的情形。

第五十三条 登记机关受理申请后，应当于3个月内完成调查，并及时作出撤销或者不予撤销市场主体登记的决定。情形复杂的，经登记机关负责人批准，可以延长3个月。

在调查期间，相关市场主体和人员无法联系或者拒不配合的，登记机关可以将涉嫌虚假登记市场主体的登记时间、登记事项，以及登记机关联系方式等信息通过国家企业信用信息公示系统向社会公示，公示期45日。相关市场主体及其利害关系人在公示期内没有提出异议的，登记机关可以撤销市场主体登记。

第五十四条 有下列情形之一的，经当事人或者其他利害关系人申请，登记机关可以中止调查：

（一）有证据证明与涉嫌虚假登记相关的民事权利存在争议的；

（二）涉嫌虚假登记的市场主体正在诉讼或者仲裁程序中的；

（三）登记机关收到有关部门出具的书面意见，证明涉嫌虚假登记的市场主体或者其法定代表人、负责人存在违法案件尚未结案，或者尚未履行相关法定义务的。

第四十一条 有下列情形之一的，登记机关可以不予撤销市场主体登记：

（一）撤销市场主体登记可能对社会公共利益造成重大损害；

（二）撤销市场主体登记后无法恢复到登记前的状态；

（三）法律、行政法规规定的其他情形。

关联对照

《市场主体登记管理条例实施细则》

第五十五条 有下列情形之一的，登记机关可以不予撤销市场主体登记：

（一）撤销市场主体登记可能对社会公共利益造成重大损害；

（二）撤销市场主体登记后无法恢复到登记前的状态；

（三）法律、行政法规规定的其他情形。

第四十二条 登记机关或者其上级机关认定撤销市场主体登记决定错误的，可以撤销该决定，恢复原登记状态，并通过国家企业信用信息公示系统公示。

关联对照

《市场主体登记管理条例实施细则》

第五十六条 登记机关作出撤销登记决定后，应当通过国家企业信用信息公示系统向社会公示。

第五十七条 同一登记包含多个登记事项，其中部分登记事项被认定为虚假，撤销虚假的登记事项不影响市场主体存续的，登记机关可以仅撤销虚假的登记事项。

第五十八条 撤销市场主体备案事项的，参照本章规定执行。

第五章 法律责任

第四十三条 未经设立登记从事经营活动的，由登记机关责令改正，没收违法所得；拒不改正的，处1万元以上10万元以下的罚款；情节严重的，依法责令关闭停业，并处10万元以上50万元以下的罚款。

关联对照

《市场主体登记管理条例实施细则》

第六十八条 未经设立登记从事一般经营活动的，由登记机关责令改正，没收违法所得；拒不改正的，处1万元以上10万元以下的罚款；情节严重的，依法责令关闭停业，并处10万元以上50万元以下的罚款。

第六十九条 未经设立登记从事许可经营活动或者未依法取得许可从事经营活动的，由法律、法规或者国务院决定规定的部门予以查处；法律、法规或者国务院决定没有规定或者规定不明确的，由省、自治区、直辖市人民政府确定的部门予以查处。

第四十四条 提交虚假材料或者采取其他欺诈手段隐瞒重要事实取得市场主体登记的，由登记机关责令改正，没收违法所得，并处5万元以上20万元以下的罚款；情节严重的，处20万元以上100万元以下的罚款，吊销营业执照。

关联对照

《市场主体登记管理条例实施细则》

第七十一条 提交虚假材料或者采取其他欺诈手段隐瞒重要事实取得市场主体登记的，由登记机关依法责令改正，没收违法所得，并处5万元以上20万元以下的罚款；情节严重的，处20万元以上100万元以下的罚款，吊销营业执照。

明知或者应当知道申请人提交虚假材料或者采取其他欺诈手段隐瞒重要事实进行市场主体登记，仍接受委托代为办理，或者协助其进行虚假登记的，由登记机关没收违法所得，处10万元以下的罚款。

虚假市场主体登记的直接责任人自市场主体登记被撤销之日起3年内不得再次申请市场主体登记。登记机关应当通过国家企业信用信息公示系统予以公示。

第四十五条 实行注册资本实缴登记制的市场主体虚报注册资本取得市场主体登记的，由登记机关责令改正，处虚报注册资本金额5%以上15%以下的罚款；情节严重的，吊销营业执照。

实行注册资本实缴登记制的市场主体的发起人、股东虚假出资，未交付或者未按期交付作为出资的货币或者非货币财产的，或者在市场主体成立后抽逃出资的，由登记机关责令改正，处虚假出资金额5%以上15%以下的罚款。

第四十六条 市场主体未依照本条例办理变更登记的，由登记机关责令改正；拒不改正的，处1万元以上10万元以下的罚款；情节严重的，吊销营业执照。

关联对照

《市场主体登记管理条例实施细则》

第七十二条 市场主体未按规定办理变更登记的，由登记机关责令改正；拒不改正的，处1万元以上10万元以下的罚款；情节严重的，吊销营业执照。

第四十七条 市场主体未依照本条例办理备案的，由登记机关责令改正；拒不改正的，处5万元以下的罚款。

关联对照

《市场主体登记管理条例实施细则》

第七十三条 市场主体未按规定办理备案的，由登记机关责令改正；拒不改正的，处5万元以下的罚款。

依法应当办理受益所有人信息备案的市场主体，未办理备案的，按照前款规定处理。

第四十八条 市场主体未依照本条例将营业执照置于住所或者主要经营场所醒目位置的，由登记机关责令改正；拒不改正的，处3万元以下的罚款。

从事电子商务经营的市场主体未在其首页显著位置持续公示营业执照信息或者相关链接标识的，由登记机关依照《中华人民共和国电子商务法》处罚。

市场主体伪造、涂改、出租、出借、转让营业执照的，由登记机关没收违法所得，处10万元以下的罚款；情节严重的，处10万元以上50万元以下的罚款，吊销营业执照。

关联对照

《市场主体登记管理条例实施细则》

第七十五条 市场主体未按规定将营业执照置于住所(主要经营场所、经营场所)醒目位置的，由登记机关责令改正；拒不改正的，处3万元以下的罚款。

电子商务经营者未在首页显著位置持续公示营业执照信息或者相关链接标识的，由登记机关依照《中华人民共和国电子商务法》处罚。

市场主体伪造、涂改、出租、出借、转让营业执照的，由登记机关没收违法所得，处10万元以下的罚款；情节严重的，处10万元以上50万元以下的罚款，吊销营业执照。

第四十九条 违反本条例规定的，登记机关确定罚款金额时，应当综合考虑市场主体的类型、规模、违法情节等因素。

关联对照

《市场主体登记管理条例实施细则》

第七十七条 违反本实施细则规定，登记机关确定罚款幅度时，应当综合考虑市场主体的类型、规模、违法情节等因素。

情节轻微并及时改正，没有造成危害后果的，依法不予行政处罚。初次违法且危害后果轻微并及时改正的，可以不予行政处罚。当事人有证据足以证明没有主观过错的，不予行政处罚。

第五十条 登记机关及其工作人员违反本条例规定未履行职责或者履行职责不当的，对直接负责的主管人员和其他直接责任人员依法给予处分。

第五十一条　违反本条例规定，构成犯罪的，依法追究刑事责任。

第五十二条　法律、行政法规对市场主体登记管理违法行为处罚另有规定的，从其规定。

第六章　附　　则

第五十三条　国务院市场监督管理部门可以依照本条例制定市场主体登记和监督管理的具体办法。

关联对照

《市场主体登记管理条例实施细则》

第八十条　国家市场监督管理总局根据法律、行政法规、国务院决定及本实施细则，制定登记注册前置审批目录、登记材料和文书格式。

第八十一条　法律、行政法规或者国务院决定对登记管理另有规定的，从其规定。

第五十四条　无固定经营场所摊贩的管理办法，由省、自治区、直辖市人民政府根据当地实际情况另行规定。

第五十五条　本条例自 2022 年 3 月 1 日起施行。《中华人民共和国公司登记管理条例》、《中华人民共和国企业法人登记管理条例》、《中华人民共和国合伙企业登记管理办法》、《农民专业合作社登记管理条例》、《企业法人法定代表人登记管理规定》同时废止。

关联对照

《市场主体登记管理条例实施细则》

第八十二条 本实施细则自公布之日起施行。1988 年 11 月 3 日原国家工商行政管理局令第 1 号公布的《中华人民共和国企业法人登记管理条例施行细则》，2000 年 1 月 13 日原国家工商行政管理局令第 94 号公布的《个人独资企业登记管理办法》，2011 年 9 月 30 日原国家工商行政管理总局令第 56 号公布的《个体工商户登记管理办法》，2014 年 2 月 20 日原国家工商行政管理总局令第 64 号公布的《公司注册资本登记管理规定》，2015 年 8 月 27 日原国家工商行政管理总局令第 76 号公布的《企业经营范围登记管理规定》同时废止。

二 市场主体登记文书规范

市场主体登记文书规范[①]

（2022年2月28日　国市监注发〔2022〕24号）

说　明

1. 提交的登记申请文书与其它申请材料应当使用A4型纸。依本表打印生成的，使用黑色或蓝色墨水钢笔或签字笔签字；手工填写的，使用黑色或蓝色墨水钢笔或签字笔工整填写、签字。

2. 对于现场窗口提交材料的，未注明提交复印件的，应当提交原件（未注明复印件的即为原件）；提交复印件的，应当注明“与原件一致”并由申请人签署，或者由其指定的代表或共同委托的代理人签字。

3. 通过全程电子化方式申请登记注册的，主体资格证明、身份证明、批准证书、章程、决议等文件可通过全程电子化登记系统提交原件影像（印）件，或通过登记业务系统设置的申请文书格式规范生成相关材料并使用。

4. 申请人通过电子化登记系统上传的手写签名申请材料图片或影像（印）件，在登记机关审核后，需将纸质资料送达登记注册窗口存档。电子化存档能够满足档案管理要求的，登记机关可以免除申请人提交相关纸质材料。

5. 提交材料涉及签署，参照申请书中申请人的注，未注明签署人的，自然人由本人签字，法人和其他组织由法定代表人、负责人或有权签字人签字，并加盖公章。涉及代签文书的，需提交授权人委托他人签字的授权委托书，授权委托书应为原件，且授

① 参见《市场监管总局关于印发〈市场主体登记文书规范〉〈市场主体登记提交材料规范〉的通知》，载国家市场监督管理总局网站，https://gkml.samr.gov.cn/nsjg/djzcj/202203/t20220301_340075.html，2022年3月26日访问。

权人应亲笔签字。

6. 提交材料、公证认证文书为外文的，应附加盖翻译单位公章的中文翻译件，由翻译单位注明“翻译准确”，并提交翻译单位主体资格证明复印件。

7. 在办理登记、备案事项时，申请人应当配合登记机关通过实名认证系统，采用人脸识别等方式对下列人员进行实名验证。因特殊原因，当事人无法通过实名认证系统核验身份信息的，可以提交经依法公证的自然人身份证明文件，或者由本人持身份证件到现场办理。

8. 依据《中外合资经营企业法》、《外资企业法》、《中外合作经营企业法》等法规设立的外商投资公司、非公司外商投资企业、外商投资公司分公司、非公司外商投资企业分支机构，在2020年1月1日《外商投资法》实施后，未调整其组织形式、组织机构的，在2024年12月31日前的过渡期内申请办理变更、备案、注销登记时，继续按照《市场监管总局关于印发〈企业登记申请文书规范〉〈企业登记提交材料规范〉的通知》（国市监注〔2019〕2号）中有关变更、备案、注销的文书和材料规范要求办理。

第一部分　市场主体登记申请文书规范

公司登记（备案）申请书

□基本信息（必填项）			
名　　称	______ （集团母公司需填写：集团名称：　　　集团简称：　　）		
统一社会信用代码 （设立登记不填写）			
住　　所	____省（市/自治区）____市（地区/盟/自治州）____县（自治县/旗/自治旗/市/区）____乡（民族乡/镇/街道）____村（路/社区）____号 ______		
联系电话		邮政编码	
□设立（仅设立登记填写）			
法定代表人 姓　　名		公司类型	□有限责任公司 □股份有限公司 □外资有限责任公司 □外资股份有限公司
注册资本	____万元　　（币种：　□人民币　　□其他____）		
投资总额 （外资公司填写）	____万元（币种：____）　　　折美元：____万元		
设立方式 （股份公司填写）	□发起设立 □募集设立	营业期限/ 经营期限	□长期　　　□____年
申领执照	□申领纸质执照　其中：副本____个（电子执照系统自动生成，纸质执照自行勾选）		
经营范围 （根据登记机关公布的经营项目分类标准办理经营范围登记）	（申请人须根据企业自身情况填写《企业登记政府部门共享信息表》相关内容。）		

注：本申请书适用于内资、外资公司申请设立、变更、备案。

□变更（仅变更登记填写，只填写与本次申请有关的事项）		
变更事项	原登记内容	变更后登记内容
注：变更事项包括名称、住所、法定代表人（姓名）、注册资本、公司类型、经营范围、有限责任公司股东（股东姓名或者名称）、股份有限公司发起人的姓名或者名称。 申请公司名称变更，在名称中增加“集团或（集团）”字样的，应当填写集团名称、集团简称（无集团简称的可不填）		
□备案（仅备案填写）		
事　　项	□公司董事、监事、高级管理人员 □经营期限 □章程（含修正案） □认缴出资数额 □联络员 □外商投资企业法律文件送达接受人	
注：高级管理人员包括“经理、副经理、财务负责人，上市公司董事会秘书和公司章程规定的其他人员”。		

<table>
<tr><td colspan="6">☐指定代表/委托代理人（必填项）</td></tr>
<tr><td>委托权限</td><td colspan="5">1. 同意☐不同意☐核对登记材料中的复印件并签署核对意见；
2. 同意☐不同意☐修改企业自备文件的错误；
3. 同意☐不同意☐修改有关表格的填写错误；
4. 同意☐不同意☐领取营业执照和有关文书。</td></tr>
<tr><td>固定电话</td><td></td><td>移动电话</td><td></td><td>指定代表/委托代理人签字</td><td></td></tr>
<tr><td colspan="6">（指定代表或者委托代理人身份证件复、影印件粘贴处）</td></tr>
<tr><td colspan="6">☐申请人签署（必填项）</td></tr>
<tr><td colspan="6">本申请人和签字人承诺如下，并承担相应的法律责任：
（一）填报的信息及提交的材料真实、准确、有效、完整。
（二）使用的名称符合《企业名称登记管理规定》有关要求，不含有损国家、社会公共利益或违背公序良俗及有其他不良影响的内容；名称与他人使用的名称近似侵犯他人合法权益的，依法承担法律责任；如使用的名称被登记机关认定为不适宜名称，将主动配合登记机关进行纠正。
（三）已依法取得住所（经营场所）使用权，申请登记的住所（经营场所）信息与实际一致。
（四）经营范围涉及法律、行政法规、国务院决定规定、地方行政法规和地方规章规定，需要办理许可的，在取得相关部门批准前，不从事相关经营活动。

全体股东签字或盖章（仅限有限责任公司设立登记，可另附签字页）：
董事会成员签字（仅限股份有限公司设立登记，可另附签字页）：
法定代表人签字：

公司盖章
年　　月　　日</td></tr>
</table>

注：公司更换法定代表人的变更登记申请由新任法定代表人签字。

附表 1

法定代表人信息

本表适用于设立及变更法定代表人填写。

姓　　名		国别（地区）	
职　　务	□董事长 □执行董事 □经理	产生方式	
身份证件类型		身份证件号码	
固定电话		移动电话	
住　　所		电子邮箱	
（身份证件复、影印件粘贴处）			
拟任法定代表人签字： 年　　月　　日			

附表 2

董事、监事、高级管理人员信息

（担任法定代表人的董事长、执行董事、经理不重复填写）

<table>
<tr><td>
姓名＿＿＿＿＿ 国别（地区）＿＿＿＿＿ 职务＿＿＿＿＿ 产生方式＿＿＿＿＿
身份证件类型＿＿＿＿＿＿＿身份证件号码＿＿＿＿＿＿＿移动电话＿＿＿＿

（身份证件复、影印件粘贴处）

注：1. “职务”指董事长（执行董事）、董事、经理、监事会主席、监事、副经理、财务负责人、董事会秘书等。上市股份有限公司设置独立董事的应在“职务”栏内注明。
2. “产生方式”按照章程规定填写，董事、监事一般应为“选举”或“委派”；经理一般应为“聘任”。中外合资（合作）企业应当明确上述人员的委派方。
3. 高级管理人员包括“经理、副经理、财务负责人，上市公司董事会秘书和公司章程规定的其他人员”。
</td></tr>
<tr><td>
姓名＿＿＿＿＿ 国别（地区）＿＿＿＿＿ 职务＿＿＿＿＿ 产生方式＿＿＿＿＿
身份证件类型＿＿＿＿＿＿＿身份证件号码＿＿＿＿＿＿＿移动电话＿＿＿＿

（身份证件复、影印件粘贴处）
备注事项同上
</td></tr>
<tr><td>
姓名＿＿＿＿＿ 国别（地区）＿＿＿＿＿ 职务＿＿＿＿＿ 产生方式＿＿＿＿＿
身份证件类型＿＿＿＿＿＿＿身份证件号码＿＿＿＿＿＿＿移动电话＿＿＿＿

（身份证件复、影印件粘贴处）
备注事项同上
</td></tr>
</table>

附表 3

股东（发起人）、外国投资者出资情况

单位：万元（币种：□人民币 □其他____）

股东（发起人）、外国投资者名称或姓名	国　别（地区）	证件类型	证件号码	认缴出资额	实缴出资额	出资（认缴）时间	出资方式

附表 4

联络员信息

姓　　名		固定电话	
移动电话		电子邮箱	
身份证件类型		身份证件号码	
（身份证件复、影印件粘贴处）			

注：1. 联络员主要负责本企业与企业登记机关的联系沟通，以本人个人信息登录国家企业信用信息公示系统依法向社会公示本企业有关信息等。联络员应了解企业登记相关法规和企业信息公示有关规定。

2.《联络员信息》未变更的不需重填。

附表 5

外商投资企业法律文件送达授权委托书

授 权 人：________________________________

被授权人：________________________________

授权范围：授予______________（被授权人名称或姓名）代表____________（授权人名称或姓名）在中国境内接受企业登记机关法律文件送达，直至解除授权为止。

被授权人	证件类型		证件号码	
	固定电话		移动电话	
	地　　址			
被授权人联系人	姓　　名		地　　址	
	证件类型		证件号码	
	固定电话		移动电话	

授权人签字或盖章：　　　　　　　　被授权人签字或盖章：

年　　月　　日

注： 1. 仅限外资企业填写。

2.《外商投资企业法律文件送达授权委托书》由外国（地区）投资者（授权人）与境内法律文件送达接受人（被授权人）签署。被授权人可以是外国（地区）投资者设立的在中国境内从事生产经营活动的机构、拟设立的公司（被授权人为拟设立的公司的，公司设立后委托生效）或者其他境内有关单位或个人。被授权人、被授权人地址等事项发生变更的，应当签署新的《外商投资企业法律文件送达授权委托书》，并提交相关主体资格文件或身份证明文件，及时向企业登记机关备案。

3. 被授权人为自然人的，填写“被授权人”信息，被授权人为非自然人的，填写“被授权人”及“被授权人联系人”信息。

非公司企业法人登记（备案）申请书

<table>
<tr><td colspan="4">□基本信息（必填项）</td></tr>
<tr><td>名　　称</td><td colspan="3">____________________
（集团母公司需填写：集团名称：　　　集团简称：　　）</td></tr>
<tr><td>统一社会信用代码
（设立登记不填写）</td><td colspan="3"></td></tr>
<tr><td>住　　所</td><td colspan="3">____省（市/自治区）____市（地区/盟/自治州）____县（自治县/旗/自治旗/市/区）____乡（民族乡/镇/街道）____（路/社区）____号
____________________</td></tr>
<tr><td>联系电话</td><td></td><td>邮政编码</td><td></td></tr>
<tr><td colspan="4">□设立（仅设立登记填写）</td></tr>
<tr><td>非公司企业法人
类型</td><td colspan="3"></td></tr>
<tr><td>法定代表人姓名</td><td></td><td>职　　务</td><td></td></tr>
<tr><td>出资人（主管部门）
名称</td><td></td><td>出资人（主管部门）
主体资格证照号码</td><td></td></tr>
<tr><td>出资额</td><td>________万元</td><td>经营期限</td><td>□长期 □____年</td></tr>
<tr><td>申领执照</td><td colspan="3">□申领纸质执照　其中：副本____个（电子执照系统自动生成，纸质执照自行勾选）</td></tr>
<tr><td>经营范围
（根据登记机关公布的经营项目分类标准办理经营范围登记）</td><td colspan="3">（申请人须根据企业自身情况填写《企业登记政府部门共享信息表》相关内容。）</td></tr>
<tr><td colspan="4">□变更（仅变更登记填写，只填写与本次申请有关的事项）</td></tr>
<tr><td>变更事项</td><td>原登记内容</td><td colspan="2">变更后登记内容</td></tr>
<tr><td></td><td></td><td colspan="2"></td></tr>
<tr><td></td><td></td><td colspan="2"></td></tr>
<tr><td></td><td></td><td colspan="2"></td></tr>
<tr><td colspan="4">变更事项包含名称、住所、法定代表人、出资人（主管部门）名称、经营范围、注册资金。</td></tr>
</table>

注：本申请书适用于非公司企业法人申请设立、变更、备案。

<table>
<tr><td colspan="4">□备案（仅备案填写）</td></tr>
<tr><td>事　　项</td><td colspan="3">□经营期限
□章程（含修正案）
□联络员</td></tr>
<tr><td colspan="4">□法定代表人信息（仅设立及变更法定代表人填写）</td></tr>
<tr><td>姓　　名</td><td></td><td>固定电话</td><td></td></tr>
<tr><td>移动电话</td><td></td><td>电子邮箱</td><td></td></tr>
<tr><td>身份证件类型</td><td></td><td>身份证件号码</td><td></td></tr>
<tr><td colspan="4">（身份证件复、影印件粘贴处）</td></tr>
<tr><td colspan="4">拟任法定代表人签字：

年　　月　　日</td></tr>
</table>

<table>
<tr><td colspan="6">□指定代表/委托代理人（必填项）</td></tr>
<tr><td>委托权限</td><td colspan="5">1. 同意□不同意□核对登记材料中的复印件并签署核对意见；
2. 同意□不同意□修改企业自备文件的错误；
3. 同意□不同意□修改有关表格的填写错误；
4. 同意□不同意□领取营业执照和有关文书。</td></tr>
<tr><td>固定电话</td><td></td><td>移动电话</td><td></td><td>指定代表/委托代理人签字</td><td></td></tr>
<tr><td colspan="6">（指定代表或者委托代理人身份证件复、影印件粘贴处）</td></tr>
<tr><td colspan="6">□申请人签署（必填项）</td></tr>
<tr><td colspan="6">本申请人和签字人承诺如下，并承担相应的法律责任：
（一）填报的信息及提交的材料真实、准确、有效、完整。
（二）使用的名称符合《企业名称登记管理规定》有关要求，不含有损国家、社会公共利益或违背公序良俗及有其他不良影响的内容；名称与他人使用的名称近似侵犯他人合法权益的，依法承担法律责任；如使用的名称被登记机关认定为不适宜名称，将主动配合登记机关进行纠正。
（三）已依法取得住所（经营场所）使用权，申请登记的住所（经营场所）信息与实际一致。
（四）经营范围涉及法律、行政法规、国务院决定规定、地方行政法规和地方规章规定，需要办理许可的，在取得相关部门批准前，不从事相关经营活动。

出资人（主管部门）盖章（仅限设立登记）：
法定代表人签字：

企业法人盖章
年　月　日</td></tr>
</table>

注：公司更换法定代表人的变更登记申请由新任法定代表人签字。

附表 1

联络员信息

姓　　名		固定电话	
移动电话		电子邮箱	
身份证件类型		身份证件号码	
（身份证件复、影印件粘贴处）			

注：1. 联络员主要负责本企业与企业登记机关的联系沟通，以本人个人信息登录国家企业信用信息公示系统依法向社会公示本企业有关信息等。联络员应了解企业登记相关法规和企业信息公示有关规定。

2.《联络员信息》未变更的不需重填。

附表 2

财务负责人信息

姓　　名		固定电话	
移动电话		电子邮箱	
身份证件类型		身份证件号码	
（身份证件复印件粘贴处）			

非公司企业改制登记（备案）申请书

<table>
<tr><td colspan="2">非公司企业名称</td><td></td><td>统一社会信用代码</td><td></td></tr>
<tr><td rowspan="9">改制后公司登记事项</td><td>名　　称</td><td colspan="3">____________________
（集团母公司需填写：集团名称：　　集团简称：　）</td></tr>
<tr><td>住　　所</td><td colspan="3">____省（市/自治区）____市（地区/盟/自治州）____县（自治县/旗/自治旗/市/区）____乡（民族乡/镇/街道）____村（路/社区）____号
____________________</td></tr>
<tr><td>法定代表人姓名</td><td></td><td>公司类型</td><td>□有限责任公司
□股份有限公司</td></tr>
<tr><td>注册资本</td><td colspan="3">____________万元（人民币）</td></tr>
<tr><td>投资总额（外资公司填写）</td><td colspan="3">____万元（币种：____）　　折美元：____万元</td></tr>
<tr><td>设立方式（股份公司填写）</td><td>□发起设立　□募集设立</td><td>经营期限</td><td>□长期　□____年</td></tr>
<tr><td>联系电话</td><td></td><td>邮政编码</td><td></td></tr>
<tr><td>经营范围（根据登记机关公布的经营项目分类标准办理经营范围登记）</td><td colspan="3">（申请人须根据企业自身情况填写《企业登记政府部门共享信息表》相关内容。）</td></tr>
<tr><td>申领执照</td><td colspan="3">□申领纸质执照　其中：副本____个（电子执照系统自动生成，纸质执照自行勾选）</td></tr>
</table>

注：本申请书适用于非公司企业法人、非公司制外资企业改制为公司申请改制登记。

<table>
<tr><td colspan="4">□指定代表/委托代理人（必填项）</td></tr>
<tr><td>委托权限</td><td colspan="3">1. 同意□不同意□核对登记材料中的复印件并签署核对意见；
2. 同意□不同意□修改企业自备文件的错误；
3. 同意□不同意□修改有关表格的填写错误；
4. 同意□不同意□领取营业执照和有关文书。</td></tr>
<tr><td>固定电话</td><td></td><td>移动电话</td><td></td></tr>
<tr><td colspan="4">（指定代表或者委托代理人身份证件复、影印件粘贴处）</td></tr>
<tr><td colspan="4">指定代表/委托代理人签字：
年　　月　　日</td></tr>
<tr><td colspan="4">□申请人签署（必填项）</td></tr>
<tr><td colspan="4">本申请人和签字人承诺如下，并承担相应的法律责任：
（一）填报的信息及提交的材料真实、准确、有效、完整。
（二）使用的名称符合《企业名称登记管理规定》有关要求，不含有损国家、社会公共利益或违背公序良俗及有其他不良影响的内容；名称与他人使用的名称近似侵犯他人合法权益的，依法承担法律责任；如使用的名称被登记机关认定为不适宜名称，将主动配合登记机关进行纠正。
（三）已依法取得住所（经营场所）使用权，申请登记的住所（经营场所）信息与实际一致。
（四）经营范围涉及法律、行政法规、国务院决定规定、地方行政法规和地方规章规定，需要办理许可的，在取得相关部门批准前，不从事相关经营活动。

法定代表人签字：

企业盖章
年　　月　　日</td></tr>
</table>

附表 1

法定代表人信息

姓　　名		国别（地区）	
职　　务	□董事长　□执行董事　□经理	产生方式	
身份证件类型		身份证件号码	
固定电话		移动电话	
住　　所		电子邮箱	
（身份证件复、影印件粘贴处）			
法定代表人签字： 年　　月　　日			

附表 2

董事、监事、高级管理人员信息

（担任法定代表人的董事长、执行董事、经理不重复填写）

姓名＿＿＿＿＿ 国别（地区）＿＿＿＿＿ 职务＿＿＿＿＿ 产生方式＿＿＿＿＿ 身份证件类型＿＿＿＿＿＿＿身份证件号码＿＿＿＿＿＿＿移动电话＿＿＿＿ （身份证件复、影印件粘贴处） **注：**1.“职务”指董事长（执行董事）、董事、经理、监事会主席、监事、副经理、财务负责人、董事会秘书等。上市股份有限公司设置独立董事的应在“职务”栏内注明。 2.“产生方式”按照章程规定填写，董事、监事一般应为“选举”或“委派”；经理一般应为“聘任”。中外合资（合作）企业应当明确上述人员的委派方。 3. 高级管理人员包括“经理、副经理、财务负责人，上市公司董事会秘书和公司章程规定的其他人员”。
姓名＿＿＿＿＿ 国别（地区）＿＿＿＿＿ 职务＿＿＿＿＿ 产生方式＿＿＿＿＿ 身份证件类型＿＿＿＿＿＿＿身份证件号码＿＿＿＿＿＿＿移动电话＿＿＿＿ （身份证件复、影印件粘贴处） 备注事项同上
姓名＿＿＿＿＿ 国别（地区）＿＿＿＿＿ 职务＿＿＿＿＿ 产生方式＿＿＿＿＿ 身份证件类型＿＿＿＿＿＿＿身份证件号码＿＿＿＿＿＿＿移动电话＿＿＿＿ （身份证件复、影印件粘贴处） 备注事项同上

附表 3

股东（发起人）、外国投资者出资情况

股东（发起人）、外国投资者名称或姓名	国别（地区）	证件类型	证件号码	认缴出资额（万元）	实缴出资额（万元）	出资（认缴）时间	出资方式

附表 4

联络员信息

姓　　名		固定电话	
移动电话		电子邮箱	
身份证件类型		身份证件号码	
（身份证件复、影印件粘贴处）			

注： 1. 联络员主要负责本企业与企业登记机关的联系沟通，以本人个人信息登录国家企业信用信息公示系统依法向社会公示本企业有关信息等。联络员应了解企业登记相关法规和企业信息公示有关规定。

2. 《联络员信息》未变更的不需重填。

附表 5

外商投资企业法律文件送达授权委托书

授权人：____________________________________

被授权人：__________________________________

授权范围：授予______________（被授权人名称或姓名）代表________________（授权人名称或姓名）在中国境内接受企业登记机关法律文件送达，直至解除授权为止。

被授权人	证件类型		证件号码	
	固定电话		移动电话	
	地　　址			
被授权人联系人	姓　　名		地　　址	
	证件类型		证件号码	
	固定电话		移动电话	

授权人签字或盖章：　　　　　　　　被授权人签字或盖章：

年　　月　　日

注：1. 仅限外资企业填写。

2.《外商投资企业法律文件送达授权委托书》由外国（地区）投资者（授权人）与境内法律文件送达接受人（被授权人）签署。被授权人可以是外国（地区）投资者设立的在中国境内从事生产经营活动的机构、拟设立的公司（被授权人为拟设立的公司的，公司设立后委托生效）或者其他境内有关单位或个人。被授权人、被授权人地址等事项发生变更的，应当签署新的《外商投资企业法律文件送达授权委托书》，并提交相关主体资格文件或身份证明文件，及时向企业登记机关备案。

3. 被授权人为自然人的，填写“被授权人”信息，被授权人为非自然人的，填写“被授权人”及“被授权人联系人”信息。

合伙企业登记（备案）申请书

<table>
<tr><td colspan="5">□基本信息（必填项）</td></tr>
<tr><td>名　　称</td><td colspan="4"></td></tr>
<tr><td>统一社会信用代码
（设立登记不填写）</td><td colspan="4"></td></tr>
<tr><td>主要经营
场　　所</td><td colspan="4">____省（市/自治区）____市（地区/盟/自治州）____县（自治县/旗/自治旗/市/区）____乡（民族乡/镇/街道）____村（路/社区）____号
________________________________</td></tr>
<tr><td>联系电话</td><td></td><td>邮政编码</td><td colspan="2"></td></tr>
<tr><td colspan="5">□设立（仅设立登记填写）</td></tr>
<tr><td rowspan="2">执行事务
合 伙 人</td><td>姓名或名称</td><td></td><td>国　　别
（地区）</td><td></td></tr>
<tr><td>委派代表姓名
（仅限执行事务合伙人为法人或其他组织的填写）</td><td colspan="3"></td></tr>
<tr><td rowspan="2">合伙企业
类　　型</td><td>□ 内　　资</td><td colspan="3" rowspan="2">□普通合伙
□特殊普通合伙
□有限合伙</td></tr>
<tr><td>□ 外商投资</td></tr>
<tr><td>出 资 额</td><td colspan="4">认缴____万元，其中：实缴____万元（币种：□人民币 □其他____）</td></tr>
<tr><td>经营范围
（根据登记机关公布的经营项目分类标准办理经营范围登记）</td><td colspan="4">（申请人须根据企业自身情况填写《企业登记政府部门共享信息表》相关内容。）</td></tr>
</table>

注：本申请书适用合伙企业、外商投资合伙企业申请设立、变更、备案。

<table>
<tr><td>合伙期限</td><td colspan="3">□长期　　　　□____年</td></tr>
<tr><td>合伙人数</td><td>________人</td><td>其中，有限合伙人数
（仅有限合伙填写）</td><td>________人</td></tr>
<tr><td>申领执照</td><td colspan="3">□申领纸质执照　其中：副本____个（电子执照系统自动生成，纸质执照自行勾选）</td></tr>
<tr><td colspan="4">□变更（仅变更登记填写，只填写与本次申请有关的事项）</td></tr>
<tr><td>变更事项</td><td colspan="2">原登记内容</td><td>变更后登记内容</td></tr>
<tr><td></td><td colspan="2"></td><td></td></tr>
<tr><td></td><td colspan="2"></td><td></td></tr>
<tr><td></td><td colspan="2"></td><td></td></tr>
<tr><td></td><td colspan="2"></td><td></td></tr>
<tr><td></td><td colspan="2"></td><td></td></tr>
<tr><td></td><td colspan="2"></td><td></td></tr>
<tr><td></td><td colspan="2"></td><td></td></tr>
<tr><td></td><td colspan="2"></td><td></td></tr>
<tr><td colspan="4">注：变更事项包括名称、主要经营场所、执行事务合伙人名称或姓名、经营范围、合伙企业类型，合伙人姓名或者名称及住所、国家（地区）及住所、承担责任方式，法人或者其他组织的执行事务合伙人委派代表，新合伙人入伙、退伙。</td></tr>
<tr><td colspan="4">□备案（仅备案填写）</td></tr>
<tr><td>事　　项</td><td colspan="3">□合伙协议或补充合伙协议
□认缴或实际缴付的出资数额、缴付期限和出资方式
□合伙期限
□联络员
□外国投资者法律文件送达接受人</td></tr>
</table>

<table>
<tr><td colspan="4">□指定代表/委托代理人（必填项）</td></tr>
<tr><td>委托权限</td><td colspan="3">1. 同意□不同意□核对登记材料中的复印件并签署核对意见；
2. 同意□不同意□修改企业自备文件的错误；
3. 同意□不同意□修改有关表格的填写错误；
4. 同意□不同意□领取营业执照和有关文书。</td></tr>
<tr><td>固定电话</td><td></td><td>移动电话</td><td></td></tr>
<tr><td colspan="4">（指定代表或者委托代理人身份证件复、影印件粘贴处）</td></tr>
<tr><td colspan="4">指定代表/委托代理人签字：
年　　月　　日</td></tr>
<tr><td colspan="4">□申请人签署（必填项）</td></tr>
<tr><td colspan="4">本申请人和签字人承诺如下，并承担相应的法律责任：
（一）填报的信息及提交的材料真实、准确、有效、完整。
（二）使用的名称符合《企业名称登记管理规定》有关要求，不含有损国家、社会公共利益或违背公序良俗及有其他不良影响的内容；名称与他人使用的名称近似侵犯他人合法权益的，依法承担法律责任；如使用的名称被登记机关认定为不适宜名称，将主动配合登记机关进行纠正。
（三）已依法取得住所（经营场所）使用权，申请登记的住所（经营场所）信息与实际一致。
（四）经营范围涉及法律、行政法规、国务院决定规定、地方行政法规和地方规章规定，需要办理许可的，在取得相关部门批准前，不从事相关经营活动。

全体合伙人签署（仅限合伙企业设立登记，可另附签字页）：
执行事务合伙人或委派代表签字：

企业盖章
年　　月　　日</td></tr>
</table>

注：合伙企业更换执行事务合伙人（委派代表）的变更登记申请由新的执行事务合伙人（委派代表）签署。

附表 1

全体合伙人委托执行事务合伙人的委托书

<table>
<tr><td>姓名/名称</td><td></td><td>国别（地区）</td><td></td></tr>
<tr><td>身份（资格）
证明类型</td><td></td><td>身份（资格）
证明号码</td><td></td></tr>
<tr><td>移动电话
电子邮箱</td><td></td><td>固定电话</td><td></td></tr>
<tr><td colspan="4">委托事项</td></tr>
<tr><td colspan="4">经全体合伙人协商一致，同意委托________________为执行事务合伙人。
全体合伙人签署：
年　　月　　日</td></tr>
<tr><td colspan="4">（执行事务合伙人为自然人的，粘贴身份证件复、影印件）
（执行事务合伙人为法人和其他组织的，主体资格文件另附后页）</td></tr>
<tr><td colspan="4">执行事务合伙人签署：　　　　年　　月　　日</td></tr>
</table>

注：自然人由本人签字，法人和其他组织由其法定代表人或负责人签字并加盖公章；横线部分根据实际填写自然人姓名、法人或其他组织的名称。

附表 2

委派代表信息

<table>
<tr><td>姓名/名称</td><td></td><td>国别（地区）</td><td></td></tr>
<tr><td>身份（资格）
证明类型</td><td></td><td>身份（资格）
证明号码</td><td></td></tr>
<tr><td>移动电话</td><td></td><td>固定电话</td><td></td></tr>
<tr><td>电子邮箱</td><td></td><td></td><td></td></tr>
<tr><td colspan="4">法人或其他组织委派代表的委托书</td></tr>
<tr><td colspan="4">我单位作为合伙企业________________的执行事务合伙人，现委托______代表我单位执行合伙事务。
委托单位法定代表人（负责人）签字：

委托单位盖章
年　　月　　日</td></tr>
<tr><td colspan="4">（身份证件复、影印件粘贴处）</td></tr>
<tr><td colspan="4">委派代表签字：　　　　　　　　　　　　年　　月　　日</td></tr>
</table>

附表 3

全体合伙人名录及出资情况

单位：万元（币种：□人民币 □其他________）

合伙人名称或姓名	国别（地区）	住所	证件类型及号码	承担责任方式	出资方式	评估方式	认缴出资额	实缴出资额	缴付期限

注：“承担责任方式”根据合伙协议约定填写“无限责任”或者“特殊的普通合伙人责任”或者“有限责任”。“评估方式”栏，以货币出资的，填写“无”；以非货币财产出资的，以实物、知识产权、土地使用权或其他财产权利出资的，填写“全体合伙人评估或机构评估”；以劳务出资的，填写“全体合伙人评估”。“缴付期限”填写合伙协议约定的缴付期限。

附表 4

联络员信息

姓　　名		固定电话	
移动电话		电子邮箱	
身份证件类型		身份证件号码	
（身份证件复、影印件粘贴处）			

注：1. 联络员主要负责本企业与企业登记机关的联系沟通，以本人个人信息登录国家企业信用信息公示系统依法向社会公示本企业有关信息等。联络员应了解企业登记相关法规和企业信息公示有关规定。

2.《联络员信息》未变更的不需重填。

附表 5

外商投资企业法律文件送达授权委托书

授权人：______________________________

被授权人：____________________________

授权范围：授予____________（被授权人名称或姓名）代表____________（授权人名称或姓名）在中国境内接受企业登记机关法律文件送达，直至解除授权为止。

被授权人	证件类型		证件号码	
	固定电话		移动电话	
	地　　址			
被授权人联系人	姓　　名		地　　址	
	证件类型		证件号码	
	固定电话		移动电话	

授权人签字或盖章：　　　　　　　　被授权人签字或盖章：

年　　月　　日

注：1. 仅限外资企业填写。

2.《外商投资企业法律文件送达授权委托书》由外国（地区）投资者（授权人）与境内法律文件送达接受人（被授权人）签署。被授权人可以是外国（地区）投资者设立的在中国境内从事生产经营活动的机构、拟设立的公司（被授权人为拟设立的公司的，公司设立后委托生效）或者其他境内有关单位或个人。被授权人、被授权人地址等事项发生变更的，应当签署新的《外商投资企业法律文件送达授权委托书》，并提交相关主体资格文件或身份证明文件，及时向企业登记机关备案。

3. 被授权人为自然人的，填写"被授权人"信息，被授权人为非自然人的，填写"被授权人"及"被授权人联系人"信息。

附表 6

财务负责人信息

姓　　名		固定电话	
移动电话		电子邮箱	
身份证件类型		身份证件号码	
（身份证件复印件粘贴处）			

个人独资企业登记（备案）申请书

<table>
<tr><td colspan="4">□基本信息（必填项）</td></tr>
<tr><td>名　　称</td><td></td><td>统一社会信用代码
（设立登记不填写）</td><td></td></tr>
<tr><td>联系电话</td><td></td><td>邮政编码</td><td></td></tr>
<tr><td>住　　所</td><td colspan="3">____省（市/自治区）____市（地区/盟/自治州）____县（自治县/旗/自治旗/市/区）____乡（民族乡/镇/街道）____村（路/社区）____号
________________</td></tr>
<tr><td colspan="4">□设立（仅设立登记填写）</td></tr>
<tr><td>出 资 额</td><td>____万元（人民币）</td><td>申领执照</td><td>□申领纸质执照　其中：副本____个（电子执照系统自动生成，纸质执照自行勾选）</td></tr>
<tr><td>经营范围
（根据登记机关公布的经营项目分类标准办理经营范围登记）</td><td colspan="3">（申请人须根据企业自身情况填写《企业登记政府部门共享信息表》相关内容。）</td></tr>
<tr><td colspan="4">□变更（仅变更登记填写，只填写与本次申请有关的事项）</td></tr>
<tr><td>变更事项</td><td>原登记内容</td><td colspan="2">变更后登记内容</td></tr>
<tr><td></td><td></td><td colspan="2"></td></tr>
<tr><td></td><td></td><td colspan="2"></td></tr>
<tr><td></td><td></td><td colspan="2"></td></tr>
<tr><td colspan="4">注：变更事项包括名称、住所、投资人姓名和居所、出资额、经营范围。</td></tr>
</table>

注：本申请书适用个人独资企业申请设立、变更、备案。

<table>
<tr><td colspan="6">□备案（仅备案填写）</td></tr>
<tr><td>事　　项</td><td colspan="5">□联络员</td></tr>
<tr><td colspan="6">□投资人及出资信息（仅设立及变更投资人填写）</td></tr>
<tr><td>姓　　名</td><td></td><td>性　　别</td><td></td><td>民　　族</td><td></td></tr>
<tr><td>出生日期</td><td></td><td>文化程度</td><td></td><td>政治面貌</td><td></td></tr>
<tr><td>固定电话</td><td></td><td>移动电话</td><td></td><td>邮政编码</td><td></td></tr>
<tr><td>身份证件类型</td><td></td><td>身份证件号码</td><td></td><td>电子邮箱</td><td></td></tr>
<tr><td>申请前职业状况</td><td></td><td>居　　所</td><td colspan="3"></td></tr>
<tr><td>出资方式</td><td colspan="5">□以个人财产出资　　□以家庭共有财产作为个人出资
出资人的家庭成员签字：
年　月　日</td></tr>
<tr><td colspan="6">（身份证件复、影印件粘贴处）</td></tr>
</table>

□指定代表/委托代理人（必填项）			
委托权限	1. 同意□不同意□核对登记材料中的复印件并签署核对意见； 2. 同意□不同意□修改企业自备文件的错误； 3. 同意□不同意□修改有关表格的填写错误； 4. 同意□不同意□领取营业执照和有关文书。		
固定电话		移动电话	
（指定代表或者委托代理人身份证件复、影印件粘贴处）			
指定代表/委托代理人签字： 年　　月　　日			
□申请人签署（必填项）			
本申请人和签字人承诺如下，并承担相应的法律责任： （一）填报的信息及提交的材料真实、准确、有效、完整。 （二）使用的名称符合《企业名称登记管理规定》有关要求，不含有损国家、社会公共利益或违背公序良俗及有其他不良影响的内容；名称与他人使用的名称近似侵犯他人合法权益的，依法承担法律责任；如使用的名称被登记机关认定为不适宜名称，将主动配合登记机关进行纠正。 （三）已依法取得住所（经营场所）使用权，申请登记的住所（经营场所）信息与实际一致。 （四）经营范围涉及法律、行政法规、国务院决定规定、地方行政法规和地方规章规定，需要办理许可的，在取得相关部门批准前，不从事相关经营活动。 投资人签字： 企业盖章 年　　月　　日			

注：投资人发生变更时由新投资人签字。

附表 1

联络员信息

姓　　名		固定电话	
移动电话		电子邮箱	
身份证件类型		身份证件号码	
（身份证件复、影印件粘贴处，可另附）			

注： 1. 联络员主要负责本企业与企业登记机关的联系沟通，以本人个人信息登录国家企业信用信息公示系统依法向社会公示本企业有关信息等。联络员应了解企业登记相关法规和企业信息公示有关规定。

2.《联络员信息》未变更的不需重填。

附表 2

财务负责人信息

姓　　名		固定电话	
移动电话		电子邮箱	
身份证件类型		身份证件号码	
（身份证件复印件粘贴处）			

企业注销登记申请书

□基本信息（必填项）			
名　　称		统一社会信用代码	

□普通注销原因（仅普通注销登记填写，根据企业类型勾选）	
□有限责任公司及股份有限公司	□ 公司章程规定的营业期限届满或其他解散事由出现。 □ 股东决定、股东会、股东大会、外商投资公司的董事会决议解散。 □ 因公司合并或者分立需要解散。 □ 依法被吊销营业执照、责令关闭或者被撤销。 □ 人民法院依法予以解散。 □ 被人民法院依法宣告破产。 □ 法律、行政法规规定的其它情形________________。
□ 非公司企业法人	□ 依法被吊销营业执照、责令关闭或者被撤销。 □ 被人民法院依法宣告破产。 □ 因合并而终止。 □ 法律、行政法规规定的其它情形________________。
□合伙企业	□ 合伙期限届满，合伙人决定不再经营。 □ 合伙协议约定的解散事由出现。 □ 全体合伙人决定解散。 □ 合伙人已不具备法定人数满三十天。 □ 合伙协议约定的合伙目的已经实现或者无法实现。 □ 依法被吊销营业执照、责令关闭或者被撤销。 □ 法律、行政法规规定的其它原因________________。
□个人独资企业	□ 投资人决定解散。 □ 投资人死亡或者被宣告死亡，无继承人或者继承人决定放弃继承。 □ 被依法吊销营业执照。 □ 法律、行政法规规定的其他情形________________。

□普通注销（仅普通注销登记填写）	
公告情况（内资非公司企业法人、个人独资企业无须填写）	□通过国家企业信用信息公示系统公告　　公告日期： □通过报纸公告公告 报纸名称：______　　公告日期：

注：本申请书适用于公司、非公司企业法人、合伙企业（以上类型包含内资和外资）、个人独资企业办理注销登记。

<table>
<tr><td>分支机构注销登记情况</td><td colspan="3">□ 已注销完毕　　□ 无分支机构</td></tr>
<tr><td>债权债务清理情况</td><td colspan="3">□ 已清理完毕　　□ 无债权债务</td></tr>
<tr><td>清税情况</td><td colspan="3">□ 已清理完毕　　□ 未涉及纳税义务</td></tr>
<tr><td>对外投资清理情况</td><td colspan="3">□ 已清理完毕　　□ 无对外投资</td></tr>
<tr><td>海关手续清缴情况
（外资企业、外商投资合伙企业填写）</td><td colspan="3">□ 已清理完毕　　□ 未涉及海关事务</td></tr>
<tr><td>批准证书缴销情况
（外资企业填写）</td><td colspan="3">□批准证书已缴销完毕　　□不涉及批准证书</td></tr>
<tr><td>批准（决定）机关
（批准的外商投资合伙企业填写）</td><td colspan="3"></td></tr>
<tr><td>批准（决定）文号
（批准的外商投资合伙企业填写）</td><td colspan="3"></td></tr>
<tr><td>经济性质
（非公司企业法人填写）</td><td colspan="3">□全民所有制　　□集体所有制　　□联营
□其他____________________</td></tr>
<tr><td>主管部门（出资人）
（非公司企业法人填写）</td><td colspan="3"></td></tr>
<tr><td colspan="4">□简易注销（仅简易注销登记填写）</td></tr>
<tr><td>企业类型</td><td colspan="3">□有限责任公司　□非上市股份公司　□非公司企业法人
□个人独资企业　□合伙企业</td></tr>
<tr><td>国家企业信用信息公示系统公告日期</td><td colspan="3">____年____月____日</td></tr>
<tr><td rowspan="2">适用情形</td><td>□未开业</td><td>□未发生债权债务</td><td>□债权债务已清算完结</td></tr>
<tr><td>□无债权债务</td><td>□未发生债权债务</td><td>□债权债务已清算完结</td></tr>
</table>

<table>
<tr><td colspan="4">□指定代表/委托代理人（必填项）</td></tr>
<tr><td>委托权限</td><td colspan="3">1. 同意□不同意□核对登记材料中的复印件并签署核对意见；
2. 同意□不同意□修改企业自备文件的错误；
3. 同意□不同意□修改有关表格的填写错误；
4. 同意□不同意□领取有关文书。</td></tr>
<tr><td>固定电话</td><td></td><td>移动电话</td><td></td></tr>
<tr><td colspan="4">（指定代表或者委托代理人身份证件复、影印件粘贴处）</td></tr>
<tr><td colspan="4">指定代表/委托代理人签字：
年　月　日</td></tr>
<tr><td colspan="4">□申请人签署（必填项）</td></tr>
<tr><td colspan="4">本申请人和签字人承诺提交的材料文件和填报的信息真实有效，并承担相应的法律责任。
申请人签字：
企业盖章
年　月　日</td></tr>
</table>

注：1. 申请普通注销的已清算的公司、非公司外资企业、合伙企业由清算组负责人（清算人）签字；个人独资企业由投资人或清算人签字。

2. 申请普通注销的已清算的非公司企业法人和因合并或分立未清算的公司、非公司外资企业由法定代表人签字。

3. 申请简易注销的公司、非公司企业法人、非公司外资企业由法定代表人签字，合伙企业由执行事务合伙人（或委派代表）签字，个人独资企业由投资人签字。

4. 人民法院裁定解散的由其指定的清算组负责人（破产管理人负责人）签字。

农民专业合作社登记（备案）申请书

□基本信息（必填项）			
农民专业合作社类型	□农民专业合作社　　□农民专业合作社联合社		
名　　称			
统一社会信用代码	（限变更登记、备案填写）		
住所/主要经营场所			
联系电话		邮政编码	
□设立（仅设立登记填写）			
成员出资总额	________万元		
申领纸质执照	□申领纸质执照　其中：副本____个（电子执照系统自动生成，纸质执照自行勾选）		
经营范围（根据登记机关公布的经营项目分类标准办理经营范围登记）	（申请人须根据企业自身情况填写《企业登记政府部门共享信息表》相关内容。）		

注：本申请书适用农民专业合作社申请设立、变更、备案、注销。

□变更（仅变更登记填写，只填写与本次申请有关的事项，可另附页）		
变更事项	**原登记内容**	**变更后登记内容**
注：变更事项包括名称、住所、出资总额、经营范围、法定代表人（姓名）。		

□备案（仅备案填写）	
事　　项	□章程（章程修正案） □成员 □联络员

□注销（仅注销登记填写）		
注销原因	□成员大会决议解散 □章程规定的解散事由出现 □因合并或者分立需要解散 □依法被吊销营业执照、责令关闭或者被撤销 □法律、行政法规规定的其他情形	
注销方式	□普通注销	□简易注销
公告情况	□通过国家企业信用信息公示系统公告 □通过报纸公告（仅限普通注销）	公告日期： 公告日期：
清税情况	□ 已清理完毕	□ 未涉及纳税义务
债权债务清理情况	□ 已清理完毕	□ 无债权债务
分支机构注销登记情况	□ 已注销完毕	□无分支机构

<table>
<tr><th colspan="6">□指定代表/委托代理人信息（必填项）</th></tr>
<tr><td>委托权限</td><td colspan="5">1. 同意□ 不同意□ 核对登记材料中的复印件并签署核对意见；
2. 同意□ 不同意□ 修改企业自备文件的错误；
3. 同意□ 不同意□ 修改有关表格的填写错误；
4. 同意□ 不同意□ 领取营业执照和有关文书。</td></tr>
<tr><td>固定电话</td><td></td><td>移动电话</td><td></td><td>指定代表/委托代理人签字</td><td></td></tr>
<tr><td colspan="6">（指定代表或者委托代理人身份证件复、影印件粘贴处）</td></tr>
<tr><th colspan="6">□申请人签署（必填项）</th></tr>
<tr><td colspan="6">本申请人和签字人承诺如下，并承担相应的法律责任：
（一）填报的信息及提交的材料真实、准确、有效、完整。
（二）使用的名称符合《企业名称登记管理规定》有关要求，不含有损国家、社会公共利益或违背公序良俗及有其他不良影响的内容；名称与他人使用的名称近似侵犯他人合法权益的，依法承担法律责任；如使用的名称被登记机关认定为不适宜名称，将主动配合登记机关进行纠正。
（三）已依法取得住所（经营场所）使用权，申请登记的住所（经营场所）信息与实际一致。
（四）经营范围涉及法律、行政法规、国务院决定规定、地方行政法规和地方规章规定，需要办理许可的，在取得相关部门批准前，不从事相关经营活动。

法定代表人签字：

清算组负责人签字（仅限注销登记）：

盖章

年　　月　　日</td></tr>
</table>

注：农民专业合作社（联合社）更换法定代表人的变更登记申请由新任法定代表人签字。

附表 1

法定代表人信息

本表适用于设立及变更法定代表人填写。

姓　　名		移动电话	
身份证件类型		身份证件号码	
固定电话		电子邮箱	

（身份证件复、影印件粘贴处）

《中华人民共和国农民专业合作社法》第三十七条规定：“农民专业合作社的理事长、理事、经理不得兼任业务性质相同的其他农民专业合作社的理事长、理事、监事、经理。”第三十八条规定：“执行与农民专业合作社业务有关公务的人员，不得担任农民专业合作社的理事长、理事、监事、经理或者财务会计人员。”

本人符合《中华人民共和国农民专业合作社法》第三十七条、第三十八条的规定，并对此承诺的真实性承担责任。

法定代表人签字：

年　　月　　日

附表 2

农民专业合作社成员出资清单

项目 序号	出资成员 姓名或名称	出资方式	出资额 （元）	出资成员 签名或盖章

成员出资总额：________________（元）

法定代表人签字：

年　　月　　日

附表 3

农民专业合作社成员名册

项目 序号	成员姓名 或名称	证件名称及号码	住　　所	成员类型
成员总数：____________________________（名） 其中：农民成员：___________________（名）所占比例：____% 企业、事业单位或社会团体成员：______（名）所占比例：____%				

本农民专业合作社的成员符合《中华人民共和国农民专业合作社法》第十九条、第二十条的规定，并对此承诺的真实性承担责任。

法定代表人签字：

年　　月　　日

附表4

联络员信息

姓　　名		固定电话	
移动电话		电子邮箱	
身份证件类型		身份证件号码	
（身份证件复、影印件粘贴处，可另附）			

注：1. 联络员主要负责本企业与企业登记机关的联系沟通，以本人个人信息登录国家企业信用信息公示系统依法向社会公示本企业有关信息等。联络员应了解企业登记相关法规和企业信息公示有关规定。

2.《联络员信息》未变更的不需重填。

附表 5

农民专业合作社成员身份证明复印件

成员身份证明复印件粘贴处

附表 6

财务负责人信息

姓　　名		固定电话	
移动电话		电子邮箱	
身份证件类型		身份证件号码	
（身份证件复印件粘贴处）			

个体工商户登记（备案）申请书

<table>
<tr><td colspan="5">□基本信息（必填项）</td></tr>
<tr><td>名　　称
（选填）</td><td colspan="2"></td><td>统一社会信用代码
（设立登记不填写）</td><td></td></tr>
<tr><td>联系电话</td><td colspan="2"></td><td>邮政编码</td><td></td></tr>
<tr><td>经营场所</td><td colspan="4">____省（市/自治区）____市（地区/盟/自治州）____县（自治县/旗/自治旗/市/区）____乡（民族乡/镇/街道）____村（路/社区）____号
______________________________</td></tr>
<tr><td>电子商务经营者</td><td colspan="4">□是　　□否</td></tr>
<tr><td colspan="5">□设立（仅设立登记填写）</td></tr>
<tr><td>出 资 额</td><td colspan="2">____万元（人民币）</td><td>申领执照</td><td>□申领纸质执照　其中：副本____个（电子执照系统自动生成，纸质执照自行勾选）</td></tr>
<tr><td>经营范围
（根据登记机关公布的经营项目分类标准办理经营范围登记）</td><td colspan="4">（申请人须根据企业自身情况填写《企业登记政府部门共享信息表》相关内容。）</td></tr>
<tr><td colspan="5">□变更（仅变更登记填写，只填写与本次申请有关的事项）</td></tr>
<tr><td>变更事项
（可多选）</td><td colspan="2">原登记内容</td><td colspan="2">变更后登记内容</td></tr>
<tr><td>□名　　称</td><td colspan="2"></td><td colspan="2"></td></tr>
<tr><td>□经营场所</td><td colspan="2"></td><td colspan="2"></td></tr>
<tr><td>□经营范围（根据登记机关公布的经营项目分类标准办理经营范围登记）</td><td colspan="2"></td><td colspan="2">（申请人须根据企业自身情况填写《企业登记政府部门共享信息表》相关内容。）</td></tr>
<tr><td>□出资额</td><td colspan="2"></td><td colspan="2"></td></tr>
<tr><td>□变更组成形式</td><td colspan="2">□个人经营　□家庭经营</td><td colspan="2">□个人经营　□家庭经营</td></tr>
<tr><td>□变更经营者姓名、住所</td><td colspan="2"></td><td colspan="2"></td></tr>
</table>

注：本申请书适用个体工商户申请设立、变更、备案、注销。

<table>
<tr><td colspan="6">□备案（仅备案填写）</td></tr>
<tr><td>事　　项</td><td colspan="5">□联络员
□参加家庭经营的家庭成员姓名</td></tr>
<tr><td colspan="6">□经营者及家庭成员信息（设立登记必填项，变更经营者、备案家庭成员填写）</td></tr>
<tr><td>经营者姓名</td><td></td><td>经营者性别</td><td></td><td>经营者民族</td><td></td></tr>
<tr><td>经营者文化程度</td><td></td><td>经营者政治面貌</td><td></td><td>经营者身份证件类型</td><td></td></tr>
<tr><td>经营者身份证件号码</td><td></td><td>固定电话</td><td></td><td>移动电话</td><td></td></tr>
<tr><td>职业状况</td><td></td><td>经营者住所</td><td colspan="3"></td></tr>
<tr><td>组成形式</td><td colspan="5">□个人经营　　□家庭经营</td></tr>
<tr><td>参加经营的家庭成员姓名</td><td>参加经营的家庭成员身份证件类型</td><td>参加经营的家庭成员身份证件号码</td><td colspan="3">参加经营的家庭成员政治面貌</td></tr>
<tr><td></td><td></td><td></td><td colspan="3"></td></tr>
<tr><td></td><td></td><td></td><td colspan="3"></td></tr>
<tr><td></td><td></td><td></td><td colspan="3"></td></tr>
<tr><td colspan="6">（身份证件复、影印件粘贴处，可另附页）</td></tr>
<tr><td colspan="6">□注销（仅注销登记填写）</td></tr>
<tr><td>注销方式</td><td colspan="5">□普通注销　　□简易注销</td></tr>
<tr><td>注销原因</td><td colspan="5">□停止经营　　□转型升级为企业　　□其他________</td></tr>
<tr><td>清税情况</td><td colspan="5">□已清理完毕　□未涉及纳税义务</td></tr>
</table>

<table>
<tr><td colspan="6">□指定代表/委托代理人信息（必填项）</td></tr>
<tr><td>委托权限</td><td colspan="5">1. 同意□不同意□核对登记材料中的复印件并签署核对意见；
2. 同意□不同意□修改企业自备文件的错误；
3. 同意□不同意□修改有关表格的填写错误；
4. 同意□不同意□领取营业执照和有关文书。</td></tr>
<tr><td>固定电话</td><td></td><td>移动电话</td><td></td><td>指定代表/委托代理人签字</td><td></td></tr>
<tr><td colspan="6">（指定代表或者委托代理人身份证件复、影印件粘贴处）</td></tr>
<tr><td colspan="6">□申请人签署（必填项）</td></tr>
<tr><td colspan="6">本申请人和签字人承诺如下，并承担相应的法律责任：
（一）填报的信息及提交的材料真实、准确、有效、完整。
（二）使用的名称符合市场主体名称有关要求，不含有损国家、社会公共利益或违背公序良俗及有其他不良影响的内容；名称与他人使用的名称近似侵犯他人合法权益的，依法承担法律责任；如使用的名称被登记机关认定为不适宜名称，将主动配合登记机关进行纠正。
（三）已依法取得住所（经营场所）使用权，申请登记的住所（经营场所）信息与实际一致。以网络经营场所作为经营场所登记的，仅通过互联网开展经营活动，不擅自改变其住宅房屋用途用于从事线下生产经营活动。
（四）经营范围涉及法律、行政法规、国务院决定规定、地方行政法规和地方规章规定，需要办理许可的，在取得相关部门批准前，不从事相关经营活动。

经营者签字：
参加经营的家庭成员签字（仅家庭经营）：

年　　月　　日</td></tr>
</table>

注：1. 申请登记为家庭经营的，以主持经营者作为经营者登记，由全体参加经营家庭成员在“申请人签署”中签字予以确认。

2. 香港、澳门、台湾居民个体工商户或台湾农民个体工商户不填写本申请书“经营者”一栏内容，分别填写“个体工商户经营者（港澳居民）登记表”或“个体工商户经营者（台湾居民、农民）登记表”。港、澳居民个体工商户和台湾农民个体工商户应当注明经营场所的面积和从业人数。

附表 1

个体工商户经营者（港澳居民）登记表

姓　　名		性　　别		出生日期	
身份证件类型		身份证件号码		身份证件有效期	
固定电话		移动电话		职业状况	
文化程度		住　　所			
身份	□香港居民　　□澳门居民				
（身份证件复、影印件粘贴处，可另附页）					

注：住所、固定电话、移动电话须填写经营者在经营场所所在地的相关信息。

附表 2

个体工商户经营者（台湾居民、农民）登记表

<table>
<tr><td>姓　　名</td><td></td><td>性　　别</td><td></td><td>出生日期</td><td></td></tr>
<tr><td>身份证件类型</td><td></td><td>身份证件号码</td><td></td><td>身份证件有效期</td><td></td></tr>
<tr><td>固定电话</td><td></td><td>移动电话</td><td></td><td>职业状况</td><td></td></tr>
<tr><td>文化程度</td><td></td><td>住　　所</td><td colspan="3"></td></tr>
<tr><td rowspan="2">身份</td><td colspan="5">□台湾居民</td></tr>
<tr><td colspan="5">□台湾农民
台湾农民身份证明文件名称：________文件编号：________</td></tr>
<tr><td colspan="6">（身份证件复、影印件粘贴处，可另附页）</td></tr>
</table>

注：1. 住所、固定电话、移动电话须填写经营者在经营场所所在地的相关信息。

2. 申请登记为台湾农民个体工商户的，应当提交台湾农民身份证明文件，包括加入台湾农业组织证明或台湾农民健康保险证明或台湾农民老年津贴证明等。

附表 3

联络员信息

姓　　名		固定电话	
移动电话		电子邮箱	
身份证件类型		身份证件号码	
（身份证件复、影印件粘贴处，可另附）			

注：1. 联络员主要负责本企业与企业登记机关的联系沟通，以本人个人信息登录国家企业信用信息公示系统依法向社会公示本企业有关信息等。联络员应了解企业登记相关法规和企业信息公示有关规定。

2.《联络员信息》未变更的不需重填。

分支机构登记（备案）申请书

<table>
<tr><td colspan="6">☐基本信息（必填项）</td></tr>
<tr><td>名　　称</td><td colspan="2"></td><td colspan="2">统一社会信用代码
（设立登记无需填写）</td><td></td></tr>
<tr><td>经营场所</td><td colspan="5">____省（市/自治区）____市（地区/盟/自治州）____县（自治县/旗/自治旗/市/区）____乡（民族乡/镇/街道）____村（路/社区）____号
______________________________</td></tr>
<tr><td>联系电话</td><td colspan="2"></td><td colspan="2">邮政编码</td><td></td></tr>
<tr><td rowspan="3">隶属市场主体
（单位）</td><td>类　　型</td><td colspan="4">☐公司　☐合伙企业　☐非公司企业法人
☐个人独资企业　☐农民专业合作社　☐其他____</td></tr>
<tr><td>名　　称</td><td></td><td colspan="2">统一社会信用代码</td><td></td></tr>
<tr><td>登记机关</td><td></td><td colspan="2">经营期限</td><td></td></tr>
<tr><td colspan="6">☐设立（仅设立登记填写）</td></tr>
<tr><td>申领执照</td><td colspan="5">☐申领纸质执照　其中：副本____个（电子执照系统自动生成，纸质执照自行勾选）</td></tr>
<tr><td>经营范围
（根据登记机关公布的经营项目分类标准办理经营范围登记）</td><td colspan="5">（申请人须根据企业自身情况填写《企业登记政府部门共享信息表》相关内容。）</td></tr>
<tr><td>资金数额
（分公司除外）</td><td colspan="2">__________万元
币种　☐人民币　☐其他________</td><td>经营期限</td><td colspan="2">☐长期
☐____年</td></tr>
<tr><td colspan="6">☐变更登记/备案　☐非公司企业分支机构改制</td></tr>
<tr><td colspan="2">变更/备案/改制事项</td><td colspan="2">原登记内容</td><td colspan="2">变更/备案/改制后登记内容</td></tr>
<tr><td colspan="2"></td><td colspan="2"></td><td colspan="2"></td></tr>
<tr><td colspan="2"></td><td colspan="2"></td><td colspan="2"></td></tr>
<tr><td colspan="2"></td><td colspan="2"></td><td colspan="2"></td></tr>
</table>

注：本申请书适用于分公司、营业单位、非公司企业分支机构、合伙企业分支机构（以上类型包含内资和外资）、个人独资企业分支机构、农民专业合作社（联合社）分支机构申请设立、变更、注销、备案及非公司企业分支机构改制。

<table>
<tr><td colspan="4">□注销（仅注销登记填写）</td></tr>
<tr><td>注销方式</td><td colspan="3">□普通注销　　　　□简易注销</td></tr>
<tr><td>注销原因</td><td colspan="3">□隶属企业（单位）决定撤销
□被依法责令关闭
□被登记机关依法吊销或撤销
□其它原因：________________</td></tr>
<tr><td>清税情况</td><td colspan="3">□已清理完毕　　　　□未涉及纳税义务</td></tr>
<tr><td>债权债务清理
（分公司、个人独资/合伙企业分支机构不填写）</td><td colspan="3">□主管部门或者清算组织负责清理债权债务
□债务清理完结</td></tr>
<tr><td colspan="4">□负责人信息（仅设立及变更负责人填写）</td></tr>
<tr><td>姓　　名</td><td></td><td>国别（地区）</td><td></td></tr>
<tr><td>身份证件类型</td><td></td><td>身份证件号码</td><td></td></tr>
<tr><td>固定电话</td><td></td><td>移动电话</td><td></td></tr>
<tr><td>电子邮箱</td><td colspan="3"></td></tr>
<tr><td colspan="4">（身份证件复、影印件粘贴处）</td></tr>
<tr><td colspan="4">拟任负责人签字：　　　　　　　　　　　　年　　月　　日</td></tr>
<tr><td colspan="4">负责人任免文件
□经决定，免去________的负责人职务。
□经决定，兹任命________为负责人。</td></tr>
</table>

<table>
<tr><td colspan="4" align="center">□指定代表/委托代理人（必填项）</td></tr>
<tr><td>委托权限</td><td colspan="3">1. 同意□不同意□核对登记材料中的复印件并签署核对意见；
2. 同意□不同意□修改企业自备文件的错误；
3. 同意□不同意□修改有关表格的填写错误；
4. 同意□不同意□领取营业执照和有关文书。</td></tr>
<tr><td>固定电话</td><td></td><td>移动电话</td><td></td></tr>
<tr><td colspan="4" align="center">（指定代表或者委托代理人身份证件复、影印件粘贴处）</td></tr>
<tr><td colspan="4">指定代表/委托代理人签字：
年　　月　　日</td></tr>
<tr><td colspan="4" align="center">□申请人签署（必填项）</td></tr>
<tr><td colspan="4">本申请人和签字人承诺如下，并承担相应的法律责任：
（一）填报的信息及提交的材料真实、准确、有效、完整。
（二）使用的名称符合《企业名称登记管理规定》有关要求，不含有损国家、社会公共利益或违背公序良俗及有其他不良影响的内容；名称与他人使用的名称近似侵犯他人合法权益的，依法承担法律责任；如使用的名称被登记机关认定为不适宜名称，将主动配合登记机关进行纠正。
（三）已依法取得住所（经营场所）使用权，申请登记的住所（经营场所）信息与实际一致。
（四）经营范围涉及法律、行政法规、国务院决定规定、地方行政法规和地方规章规定，需要办理许可的，在取得相关部门批准前，不从事相关经营活动。

法定代表人（隶属企业投资人/合伙企业执行事务合伙人或委派代表）签字：

隶属企业（单位）盖章
年　　月　　日</td></tr>
</table>

附表 1

联络员信息

姓　　名		固定电话	
移动电话		电子邮箱	
身份证件类型		身份证件号码	
（身份证件复、影印件粘贴处）			

注： 1. 联络员主要负责本企业与企业登记机关的联系沟通，以本人个人信息登录国家企业信用信息公示系统依法向社会公示本企业有关信息等。联络员应了解企业登记相关法规和企业信息公示有关规定。

2.《联络员信息》未变更的不需重填。

附表 2

财务负责人信息

姓　　名		固定电话	
移动电话		电子邮箱	
身份证件类型		身份证件号码	
（身份证件复印件粘贴处）			

外国（地区）企业常驻代表机构
登记（备案）申请书

<table>
<tr><td colspan="7">□基本信息（必填项）</td></tr>
<tr><td colspan="2">代表机构名称</td><td colspan="2"></td><td colspan="2">统一社会信用代码
（设立登记不填写）</td><td></td></tr>
<tr><td colspan="2">联系电话</td><td colspan="2"></td><td colspan="2">邮政编码</td><td></td></tr>
<tr><td colspan="2">驻在场所</td><td colspan="5"></td></tr>
<tr><td colspan="7">□设立（仅设立登记填写）</td></tr>
<tr><td colspan="2">首席代表姓名</td><td colspan="2"></td><td colspan="2">代表姓名</td><td></td></tr>
<tr><td colspan="2">业务范围</td><td colspan="5">（申请人须根据企业自身情况填写《企业登记政府部门共享信息表》相关内容。代表机构不得从事营利性活动，无需提交承诺书。）</td></tr>
<tr><td colspan="2">驻在期限</td><td colspan="5">自____年____月____日至____年____月____日</td></tr>
<tr><td colspan="2">批准驻在期限
（涉及批准的填写）</td><td colspan="5">自____年____月____日至____年____月____日</td></tr>
<tr><td colspan="2">批准设立机关名称
（涉及批准的填写）</td><td></td><td>批准日期（涉及批准的填写）</td><td></td><td>批准文号（涉及批准的填写）</td><td></td></tr>
<tr><td rowspan="5">外国（地区）企业基本信息</td><td>中文名称</td><td colspan="5"></td></tr>
<tr><td>外文名称</td><td colspan="5"></td></tr>
<tr><td>住　　所</td><td colspan="5"></td></tr>
<tr><td>存续期限</td><td colspan="5">自____年____月____日至____年____月____日</td></tr>
<tr><td>有权签字人姓名</td><td colspan="5"></td></tr>
</table>

注：本申请书适用外国（地区）企业常驻代表机构申请设立、变更、注销、备案。

<table>
<tr><td rowspan="3">外国（地区）企业基本信息</td><td>企业责任形式</td><td colspan="3">□有限责任　　□无限责任</td></tr>
<tr><td>资本（资产）</td><td>________万美元</td><td>国别（地区）</td><td></td></tr>
<tr><td>经营范围</td><td colspan="3"></td></tr>
</table>

<table>
<tr><td colspan="3">□变更/备案（仅变更登记/备案填写，只填写与本次申请有关的事项）</td></tr>
<tr><td>变更/备案事项</td><td>原登记内容</td><td>变更/备案后登记内容</td></tr>
<tr><td></td><td></td><td></td></tr>
<tr><td></td><td></td><td></td></tr>
<tr><td></td><td></td><td></td></tr>
<tr><td></td><td></td><td></td></tr>
<tr><td></td><td></td><td></td></tr>
<tr><td colspan="3">□注销（仅注销登记填写）</td></tr>
</table>

<table>
<tr><td>注销原因</td><td colspan="3">□外国（地区）企业撤销代表机构
□代表机构驻在期限届满不再继续从事业务活动
□外国（地区）企业终止
□代表机构依法被撤销批准或者责令关闭</td></tr>
<tr><td>清税情况</td><td colspan="3">□已清理完毕　　□未涉及纳税义务</td></tr>
<tr><td>海关手续清缴情况</td><td colspan="3">□已办理完毕　　□未涉及海关事务</td></tr>
<tr><td>批准机关（涉及批准的填写）</td><td colspan="3"></td></tr>
<tr><td>批准文号</td><td></td><td>批准日期</td><td></td></tr>
</table>

<table>
<tr><th colspan="4">□指定代表/委托代理人（必填项）</th></tr>
<tr><td>委托权限</td><td colspan="3">1. 同意□不同意□核对登记材料中的复印件并签署核对意见；
2. 同意□不同意□修改企业自备文件的错误；
3. 同意□不同意□修改有关表格的填写错误；
4. 同意□不同意□领取登记证、代表证和有关文书。</td></tr>
<tr><td>固定电话</td><td></td><td>移动电话</td><td></td></tr>
<tr><td colspan="4">（指定代表或者委托代理人身份证件复、影印件粘贴处）</td></tr>
<tr><td colspan="4">指定代表/委托代理人签字：
年　　月　　日</td></tr>
<tr><th colspan="4">□申请人签署（必填项）</th></tr>
<tr><td colspan="4">本机构和签字人承诺提交的材料文件和填报的信息真实有效，并承担相应的法律责任。
外国（地区）企业有权签字人签字：
代表机构盖章
年　　月　　日</td></tr>
</table>

附表 1

外国（地区）企业常驻代表机构
首席代表/代表信息

<table>
<tr><td>机构名称</td><td colspan="5"></td><td rowspan="4">照
片</td></tr>
<tr><td>代表姓名</td><td></td><td>职　　务</td><td></td><td>国　　籍</td><td></td></tr>
<tr><td>入境时间</td><td></td><td>移动电话</td><td></td><td>固定电话</td><td></td></tr>
<tr><td>证件类型</td><td></td><td>证件号码</td><td colspan="3"></td></tr>
<tr><td>境内居住地址</td><td colspan="6"></td></tr>
<tr><td>代表证有效期限</td><td colspan="6">自____年____月____日至____年____月____日</td></tr>
<tr><td>首席代表/代表简历</td><td colspan="6">（身份证件复、影印件粘贴处）</td></tr>
<tr><td colspan="7">本人承诺，不存在不得担任首席代表、代表的以下情形：
1. 因损害中国国家安全或者社会公共利益，被判处刑罚的。
2. 因从事损害中国国家安全或者社会公共利益等违法活动，依法被撤销设立登记、吊销登记证或者被有关部门依法责令关闭的代表机构的首席代表、代表，自被撤销、吊销或者责令关闭之日起未逾 5 年的。

首席代表/代表签字：

年　　月　　日</td></tr>
</table>

附表 2

联络员信息

姓　　名		固定电话	
移动电话		电子邮箱	
身份证件类型		身份证件号码	
（身份证件复、影印件粘贴处）			

注： 1. 联络员主要负责本企业与企业登记机关的联系沟通，以本人个人信息登录国家企业信用信息公示系统依法向社会公示本企业有关信息等。联络员应了解企业登记相关法规和企业信息公示有关规定。

2.《联络员信息》未变更的不需重填。

外国（地区）企业在中国境内从事生产经营活动登记（备案）申请书

□基本信息（必填项）			
名　　称		统一社会信用代码（设立登记不填写）	
联系电话		邮政编码	
地　　址（营业场所）	____省（市/自治区）____市（地区/盟/自治州）____县（自治县/旗/自治旗/市/区）____乡（民族乡/镇/街道）____村（路/社区）____号 ________		
□开业（仅开业登记填写）			
企业类型		主管部门	
审批机关		批准日期	
负 责 人			
在中国境内经营范围	（申请人须根据企业自身情况填写《企业登记政府部门共享信息表》相关内容。）		
资金数额	____万元	币　　种	
经营期限	自____年____月____日至____年____月____日		
承包工程或经营管理项目			
外国（地区）企业名称			
外国（地区）企业境外住所			
外国（地区）企业经营范围			

注：本申请书适用外国（地区）企业在中国境内从事生产经营活动申请开业、变更、注销、备案。

<table>
<tr><td colspan="4">□变更/备案（仅变更登记/备案填写，只填写与本次申请有关的事项）</td></tr>
<tr><td>变更/备案事项</td><td>原登记内容</td><td colspan="2">变更/备案后登记内容</td></tr>
<tr><td></td><td></td><td colspan="2"></td></tr>
<tr><td></td><td></td><td colspan="2"></td></tr>
<tr><td></td><td></td><td colspan="2"></td></tr>
<tr><td></td><td></td><td colspan="2"></td></tr>
<tr><td></td><td></td><td colspan="2"></td></tr>
<tr><td></td><td></td><td colspan="2"></td></tr>
<tr><td></td><td></td><td colspan="2"></td></tr>
<tr><td colspan="4">□注销（仅注销登记填写）</td></tr>
<tr><td>注销方式</td><td colspan="3">□普通注销　　　　□简易注销</td></tr>
<tr><td>注销原因</td><td colspan="3"></td></tr>
<tr><td>清税情况</td><td colspan="3">□已清理完毕　　　　□未涉及纳税义务</td></tr>
<tr><td>海关手续
清缴情况</td><td colspan="3">□已办理完毕　　　　□未涉及海关事务</td></tr>
<tr><td>批准机关</td><td colspan="3"></td></tr>
<tr><td>批准文号</td><td></td><td>批准日期</td><td></td></tr>
<tr><td>清理债权债务
单　　位</td><td colspan="3"></td></tr>
</table>

<table>
<tr><td colspan="4">□指定代表/委托代理人（必填项）</td></tr>
<tr><td>委托权限</td><td colspan="3">1. 同意□不同意□核对登记材料中的复印件并签署核对意见；
2. 同意□不同意□修改企业自备文件的错误；
3. 同意□不同意□修改有关表格的填写错误；
4. 同意□不同意□领取营业执照和有关文书。</td></tr>
<tr><td>固定电话</td><td></td><td>移动电话</td><td></td></tr>
<tr><td colspan="4">（指定代表或者委托代理人身份证件复、影印件粘贴处）</td></tr>
<tr><td colspan="4">指定代表/委托代理人签字：
年　　月　　日</td></tr>
<tr><td colspan="4">□申请人签署（必填项）</td></tr>
<tr><td colspan="4">本机构和签字人承诺提交的材料文件和填报的信息真实有效，并承担相应的法律责任。
外国（地区）企业有权签字人签字：
（盖章）
年　　月　　日</td></tr>
</table>

附表 1

负责人信息

（本表适用于开业和变更负责人填写）

姓　　名		国别（地区）	
固定电话		移动电话	
电子邮箱			
身份证件类型			
身份证件号码			

（身份证件复、影印件粘贴处）

负责人签字：

年　　月　　日

附表 2

联络员信息

姓　　名		固定电话	
移动电话		电子邮箱	
身份证件类型		身份证件号码	
（身份证件复、影印件粘贴处）			

注： 1. 联络员主要负责本企业与企业登记机关的联系沟通，以本人个人信息登录国家企业信用信息公示系统依法向社会公示本企业有关信息等。联络员应了解企业登记相关法规和企业信息公示有关规定。

2. 《联络员信息》未变更的不需重填。

股权出质登记申请书

<table>
<tr><td colspan="4">□基本信息（必填项）</td></tr>
<tr><td>股权所在公司</td><td></td><td>统一社会信用代码</td><td></td></tr>
<tr><td>出质人姓名</td><td></td><td>证照名称及号码</td><td></td></tr>
<tr><td>质权人姓名</td><td></td><td>证照名称及号码</td><td></td></tr>
<tr><td>出质股权数额</td><td>币种：____
数额：____万元/万股</td><td>质权登记编号
（设立登记不填写）</td><td></td></tr>
<tr><td colspan="4">□设立登记（仅股权出质设立登记填写）</td></tr>
<tr><td>被担保债权数额</td><td colspan="3">币种：________ 数额：________万元</td></tr>
<tr><td>股权类型</td><td colspan="3">□有限责任公司股权 □股份有限公司股权</td></tr>
<tr><td>出质人类型</td><td colspan="3">□公司 □非公司企业法人 □合伙企业 □个人独资企业 □农民专业合作社 □自然人 □其他________</td></tr>
<tr><td>质权人类型</td><td colspan="3">□银行 □非银行金融机构 □非金融业企业
□自然人 □其他________</td></tr>
<tr><td colspan="4">□变更登记（仅变更登记填写）</td></tr>
<tr><td>变更事项</td><td colspan="2">原登记内容</td><td>变更后登记内容</td></tr>
<tr><td></td><td colspan="2"></td><td></td></tr>
<tr><td></td><td colspan="2"></td><td></td></tr>
<tr><td></td><td colspan="2"></td><td></td></tr>
<tr><td colspan="4">注：变更事项包括出质股权数额、出质人姓名（名称）、质权人姓名（名称）、出质股权所在公司名称。</td></tr>
<tr><td colspan="4">□注销登记（仅注销登记填写）</td></tr>
<tr><td>注销原因</td><td colspan="3">□主债权消灭
□质权实现
□质权人放弃质权
□法律规定的其它情形导致质权消灭：________________</td></tr>
<tr><td colspan="4">□撤销登记（仅撤销登记填写）</td></tr>
<tr><td colspan="4">质权合同被依法确认无效或者被撤销的法律文件：________________________
____</td></tr>
</table>

<table>
<tr><td colspan="4" align="center">□指定代表/委托代理人（必填项）</td></tr>
<tr><td>委托权限</td><td colspan="3">1. 同意□不同意□核对登记材料中的复印件并签署核对意见；
2. 同意□不同意□修改企业自备文件的错误及修改有关表格的填写错误；
3. 同意□不同意□领取有关文书。</td></tr>
<tr><td>固定电话</td><td></td><td>移动电话</td><td></td></tr>
<tr><td colspan="4" align="center">（指定代表或者委托代理人身份证件复、影印件粘贴处）</td></tr>
<tr><td colspan="4">指定代表/委托代理人签字：
年　月　日</td></tr>
<tr><td rowspan="2">原通知书缴回情况（设立登记不填写）</td><td colspan="3">□股权出质设立登记通知书　　□股权出质变更登记通知书</td></tr>
<tr><td colspan="3">□已缴回　　□未缴回　　未缴回原因____________</td></tr>
<tr><td colspan="4" align="center">□申请人声明（必填项）</td></tr>
<tr><td colspan="4">质权人已对上述股权作必要审查，并自愿接受其作为出质标的。申请人已阅知下列内容：
1. 申请人应当对申请材料的真实性、质权合同的合法性、有效性负责。
2. 出质股权所在公司为有限责任公司或者股权未在证券登记结算机构登记的股份有限公司。
3. 出质股权应当是依法可以转让的股权，且权能完整，未被人民法院依法冻结。
4. 出质股权所在公司为有限责任公司的，公司应当将股东的姓名或者名称及其出资额向公司登记机关登记；登记事项发生变更的，应当办理变更登记。未经登记或者变更登记的，不得对抗第三人。
5. 股份公司不得接受本公司的股票作为质押权的标的。
6. 公司为他人提供担保，依照公司章程的规定，由董事会或者股东会、股东大会决议；公司章程对担保的总额及单项担保的数额有限额规定的，不得超过规定的限额。公司为公司股东或者实际控制人提供担保的，必须经股东会或者股东大会决议。
因提交材料实质内容违反法律、行政法规和公司章程的规定，产生的经济纠纷和法律责任由申请人负责。
出质人签字或盖章：　　　　质权人签字或盖章：
年　月　日　　　　年　月　日</td></tr>
</table>

注：1. 本申请书适用于出质人和质权人申请有限责任公司、股份有限公司股权出质登记。

2. 申请股权出质撤销登记的，申请人可为出质人或质权人。

3. 出质人、质权人属于自然人的由本人签名，非自然人的由法定代表人（或有权签字人）签字或盖章。

增、减、补、换发证照申请书

<table>
<tr><td>名　　称</td><td colspan="2"></td></tr>
<tr><td>统一社会信用代码/登记证号</td><td colspan="2"></td></tr>
<tr><td rowspan="4">原发营业执照/登记证/代表证情况</td><td>□营业执照正本</td><td>壹　个</td></tr>
<tr><td>□营业执照副本</td><td>____个</td></tr>
<tr><td>□外国（地区）企业常驻代表机构登记证</td><td>壹　个</td></tr>
<tr><td>□外国（地区）企业常驻代表机构代表证</td><td>____个</td></tr>
<tr><td>申请事项</td><td colspan="2">□补领营业执照/登记证/代表证
□换发营业执照/登记证/代表证
□增加副本
□减少副本
□其它____________</td></tr>
<tr><td rowspan="4">拟申请核发营业执照/登记证/代表证情况</td><td>□营业执照正本</td><td>壹　个</td></tr>
<tr><td>□营业执照副本</td><td>____个</td></tr>
<tr><td>□外国（地区）企业常驻代表机构登记证</td><td>壹　个</td></tr>
<tr><td>□外国（地区）企业常驻代表机构代表证</td><td>____个</td></tr>
<tr><td>公告方式（执照遗失填写）</td><td colspan="2">□国家企业信用信息公示系统公告：
公告日期____年____月____日
□报纸公告：报纸名称__________
公告日期____年____月____日</td></tr>
</table>

<table>
<tr><td colspan="4">□指定代表/委托代理人（必填项）</td></tr>
<tr><td>委托权限</td><td colspan="3">1. 同意□不同意□核对登记材料中的复印件并签署核对意见；
2. 同意□不同意□修改企业自备文件的错误；
3. 同意□不同意□修改有关表格的填写错误；
4. 同意□不同意□领取营业执照或登记证、代表证和有关文书。</td></tr>
<tr><td>固定电话</td><td></td><td>移动电话</td><td></td></tr>
<tr><td colspan="4">（指定代表或者委托代理人身份证件复、影印件粘贴处）</td></tr>
<tr><td colspan="4">指定代表/委托代理人签字：
年　　月　　日</td></tr>
<tr><td colspan="4">□申请人签署（必填项）</td></tr>
<tr><td colspan="4">本申请人和签字人承诺提交的材料文件和填报的信息真实有效，并承担相应的法律责任。

申请人签字：

盖章
年　　月　　日</td></tr>
</table>

注：1. 申请人为公司、农民专业合作社（联合社）、非公司企业法人、非公司外资企业的，由法定代表人签字并加盖公章。

2. 申请人为合伙企业的，由执行事务合伙人签字或委派代表签字并加盖公章。

3. 申请人为个人独资企业的，由投资人签字并加盖公章。

4. 申请人为个体工商户的，由经营者签字。

5. 申请人为外国（地区）企业在中国境内从事生产经营活动或外国（地区）企业常驻代表机构的，由其外国（地区）企业有权签字人签字。

6. 申请人为分公司、营业单位、非法人分支机构、农民专业合作社（联合社）分支机构的，由其隶属主体的法定代表人签字并加盖隶属主体公章。合伙企业分支机构由隶属主体执行事务合伙人（或委派代表）签字并加盖隶属企业公章。个人独资企业分支机构由隶属企业投资人签字并加盖隶属企业公章。

市场主体迁移申请书

<table>
<tr><td>名　　称</td><td colspan="3"></td><td>统一社会信用代码</td><td></td></tr>
<tr><td>拟迁入登记机关</td><td colspan="3"></td><td>拟迁入地址</td><td></td></tr>
<tr><td>迁移原因</td><td colspan="5">□因企业住所、经营场所发生变化
□因企业类型发生变化（如有限公司变更为股份公司、内资公司变更为外资公司登记等），超越原登记机关地域管辖范围或级别管辖权限
□其他____________________</td></tr>
<tr><td colspan="6">□指定代表/委托代理人信息（必填项）</td></tr>
<tr><td>委托权限</td><td colspan="5">1. 同意□不同意□核对登记材料中的复印件并签署核对意见；
2. 同意□不同意□修改有关表格的填写错误。</td></tr>
<tr><td>固定电话</td><td></td><td>移动电话</td><td></td><td>指定代表/委托代理人签字</td><td></td></tr>
<tr><td colspan="6">（指定代表或者委托代理人身份证件复、影印件粘贴处，可另附）</td></tr>
<tr><td colspan="6">本申请人和签字人对登记机关作出以下承诺并自愿承担相应法律责任。

申请人签字（可另附签字页）：

盖章

年　　月　　日</td></tr>
</table>

注： 1. 公司、非公司企业法人、非公司外资企业、农民专业合作社（联合社）由法定代表人签字并加盖公章。

2. 合伙企业由执行事务合伙人签字或委派代表签字并加盖公章。

3. 个人独资企业由投资人签字并加盖公章。

4. 申请人为分公司、营业单位、非法人分支机构、农民专业合作社（联合社）分支机构的，由其隶属主体的法定代表人签字并加盖隶属主体公章。合伙企业分支机构由隶属主体执行事务合伙人（或委派代表）签字并加盖隶属企业公章。个人独资企业分支机构由隶属企业投资人签字并加盖隶属企业公章。

简易注销全体投资人承诺书

现向登记机关申请____________（市场主体名称）的简易注销登记，并郑重承诺：

本市场主体申请注销登记前□未发生债权债务□已将债权债务清算完结，□未发生□已结清清偿费用、职工工资、社会保险费用、法定补偿金、应缴纳税款（滞纳金、罚款）及其他未了结事务，清算工作已全面完结。

本市场主体承诺申请注销登记时不存在以下情形：

法律、行政法规或者国务院决定规定在注销登记前需经批准的；

被吊销营业执照、责令关闭、撤销；

在经营异常名录或者市场监督管理严重违法失信名单中；

存在股权（财产份额）被冻结、出质或者动产抵押，或者对其他市场主体存在投资；

正在被立案调查或者采取行政强制、正在诉讼或仲裁程序中；

受到罚款等行政处罚尚未执行完毕；不适用企业简易注销登记的其他情形。

本市场主体全体投资人对以上承诺的真实性负责，如果违法失信，则由全体投资人承担相应的法律后果和责任，并自愿接受相关行政执法部门的约束和惩戒。

全体投资人签字（盖章）：

年　　月　　日

注：1. 有限责任公司由全体股东签署、非公司企业法人由全体出资人签署、个人独资企业由投资人签字、合伙企业由全体合伙人签署、农民专业合作社由全体合作社成员签署。

2. 非上市股份有限公司由全体董事签署。

3. 申请人为分公司、营业单位、非法人分支机构、农民专业合作社（联合社）分支机构的，由其隶属主体的法定代表人签字并加盖隶属主体公章。合伙企业分支机构由隶属主体执行事务合伙人（或委派代表）签字并加盖隶属企业公章。个人独资企业分支机构由隶属企业投资人签字并加盖隶属企业公章。

4. 申请人为外国（地区）企业在中国境内从事生产经营活动的，由其外国（地区）企业有权签字人签字。

市场主体歇业备案申请书

<table>
<tr><td colspan="6">□基本信息（必填项）</td></tr>
<tr><td>名称</td><td colspan="3"></td><td>统一社会信用代码</td><td></td></tr>
<tr><td>法定代表人
（负责人）</td><td colspan="3"></td><td>联系电话</td><td></td></tr>
<tr><td>住所
（经营场所）</td><td colspan="5"></td></tr>
<tr><td>歇业期间法律
文书送达地址</td><td colspan="5"></td></tr>
<tr><td>歇业期间联系人</td><td colspan="3"></td><td>歇业期间联系人
联系电话</td><td></td></tr>
<tr><td>歇业期限</td><td colspan="5">自________至________（最长不得超过3年）</td></tr>
<tr><td colspan="6">□指定代表/委托代理人（必填项）</td></tr>
<tr><td>委托权限</td><td colspan="5">1. 同意□不同意□核对登记材料中的复印件并签署核对意见；
2. 同意□不同意□修改企业自备文件的错误；
3. 同意□不同意□修改有关表格的填写错误；
4. 同意□不同意□有关文书。</td></tr>
<tr><td>固定电话</td><td></td><td>移动电话</td><td></td><td>指定代表/委
托代理人签字</td><td></td></tr>
<tr><td colspan="6">（指定代表或者委托代理人身份证件复、影印件粘贴处，可另附）</td></tr>
</table>

□**申请人签署（必填项）**
本主体依照《市场主体登记管理条例》____________________等规定申请市场主体歇业备案，本申请人和签字人承诺提交的材料文件和填报的信息真实有效，并承担相应的法律责任。 申请人签字： 盖章 年　　月　　日

注：1. 申请人为公司、农民专业合作社（联合社）、非公司企业法人、非公司外资企业的，由法定代表人签字并加盖公章。

2. 申请人为合伙企业的，由执行事务合伙人签字或委派代表签字并加盖公章。

3. 申请人为个人独资企业的，由投资人签字并加盖公章。

4. 申请人为个体工商户的，由经营者签字。

5. 申请人为分公司、营业单位、非法人分支机构、农民专业合作社（联合社）分支机构的，由其隶属主体的法定代表人签字并加盖隶属主体公章。合伙企业分支机构由隶属主体执行事务合伙人（或委派代表）签字并加盖隶属企业公章。个人独资企业分支机构由隶属企业投资人签字并加盖隶属企业公章。

6. 申请人签署中横线部分可补充各省、自治区、直辖市人民政府制定的关于歇业备案的相关规定。

附件 1

歇业备案承诺书

现向登记机关申请____________________（市场主体名称）的歇业备案，并郑重承诺如下：

本市场主体因□自然灾害□事故灾难□公共卫生事件□社会安全事件□其他______________________造成经济困难，决定从起，至_______________为止（期限）歇业。

本市场主体申请歇业前已经与职工依法协商劳动关系处理完毕，（其他情形）_______________，不涉及市场监管部门认为不适宜歇业备案的其他情形。

本市场主体承诺申请歇业期间暂停经营，不发生任何经营活动；歇业期间严格遵守国家法律、法规、规章和政策规定，按时进行年报，全面履行应尽的责任和义务，承担债权债务关系；自觉接受政府、行业组织、社会公众、新闻舆论的监督，积极履行社会责任。

本市场主体对以上承诺的真实性负责，如违背承诺约定，则由全体投资人承担相应的法律后果和责任，并自愿接受相关行政执法部门的约束和惩戒；按照信用信息管理有关要求，本单位同意将以上承诺通过国家企业信用信息公示系统向社会公示。

全体投资人签字（盖章）：

年　　月　　日

注：1. 有限责任公司由全体股东签署、非公司企业法人由全体出资人签署、个人独资企业由投资人签字、合伙企业由全体合伙人签署、农民专业合作社由全体合作社成员签署、个体工商户由经营者签字。

2. 非上市股份有限公司由全体董事签署。

3. 申请人为分公司、营业单位、非法人分支机构农民专业合作社（联合社）分支机构的，由其隶属主体的法定代表人签字并加盖隶属主体公章。合伙企业分支机构由隶属主体执行事务合伙人（或委派代表）签字并加盖隶属企业公章。个人独资企业分支机构由隶属企业投资人签字并加盖隶属企业公章。

4. 横线部分可补充各省、自治区、直辖市人民政府制定的关于歇业备案的情形。

第二部分　市场主体登记审核文书规范

审 01

企业、农民专业合作社设立登记审核表

统一社会信用代码：

名　　称			
住所/经营场所/主要经营场所			
法定代表人（执行事务合伙人/投资人）		移动电话	
注册资本（注册资金/出资总额/投资额）	万元	币种：	
类　　型			
主管部门（出资人）			
股东（发起人/合伙人/投资人/成员）			
经营（业务）范围			
经营期限（合伙期限）		副本数	份
所属行业		行业代码	
联络员		移动电话	

登记通知书文号	
登记意见	登记人员签字： 登记日期：　　　　　　年　　月　　日
备　　注	

（适用于企业、农民专业合作社设立登记）

审 02

企业、农民专业合作社变更登记（备案）审核表

统一社会信用代码：

项　　目	原登记事项	登记变更事项
名　　称		
住所/经营场所/ 主要经营场所		
法定代表人 （执行事务合伙人/投资人）		
注册资本 （注册资金/出资总额/ 投资额）		
类　　型		
主管部门 （出资人）		
经营范围		
股东（发起人/ 合伙人/投资人/成员）		

备案事项	□经营期限或合伙期限（仅限公司、非公司企业法人、合伙企业办理） □章程或合伙协议（仅限公司、非公司企业法人、合伙企业办理） □认缴出资数额（仅限公司、合伙企业、个人独资企业办理） □公司董事、监事、高级管理人员（仅限公司办理） □成员变动［仅限农民专业合作社（联合社）办理］ □联络员 □外商投资企业法律文件送达接受人（仅限公司、合伙企业办理） □其他________________
登记（备案） 通知书文号	
登记意见	登记人员签字： 登记日期：　　　　年　　月　　日
备　　注	

（适用于企业、农民专业合作社变更登记和备案）

审 03

分支机构设立登记审核表

统一社会信用代码：

名　　称			
类　　型			
经营场所			
负 责 人			
经营范围			
联络员		移动电话	
所属行业		行业代码	
登记通知书文号			
登记意见	登记人员签字： 登记日期：　　　年　　月　　日		
备　　注			

（适用于分支机构设立登记）

审 04

分支机构变更登记（备案）审核表

统一社会信用代码：

项　　目	原登记事项	登记变更事项
名　　称		
经营场所		
负 责 人		
经营范围		
备案事项	□联络员备案	
登记（备案）通知书文号		
登记意见	登记人员签字： 登记日期：　　　年　　月　　日	
备　　注		

（适用于分支机构变更登记和备案）

审 05

个体工商户设立登记审核表

统一社会信用代码：

名　　称			
经营场所			
经营者		移动电话	
出 资 额			
组成形式			
经营范围			
副本数	份		
所属行业		行业代码	
联络员		移动电话	
登记通知书文号			
登记意见	登记人员签字： 登记日期：　　年　　月　　日		
备　　注			

（适用于个体工商户设立登记）

审 06

个体工商户变更登记（备案）审核表

统一社会信用代码：

项　　目	原登记事项	登记变更事项
名　　称		
经营场所		
经 营 者		
出 资 额		
组成形式		
经营范围		
备案事项	□联络员备案 □家庭经营家庭成员信息	
登记（备案）通知书文号		
登记意见	登记人员签字： 登记日期：　　年　　月　　日	
备　　注		

（适用于个体工商户变更登记和备案）

审 07

市场主体注销登记审核表

统一社会信用代码：

名　　称	
类型/经济性质	
登记通知书文号	
登记意见	登记人员签字： 登记日期：　　　　年　　月　　日
备　　注	

(适用于市场主体注销登记)

审 08

公司撤销变更登记审核表

统一社会信用代码：

名　　称	
类　　型	
撤销登记（备案）决定书文号	
申请撤销登记事项及登记时间	
登记（备案）通知书文号	
登记意见	登记人员签字： 登记日期：　　　年　　月　　日
备　　注	

（适用于公司撤销变更登记）

审 09

增、减、补、换发证照审核表

<table>
<tr><td>名　　称</td><td colspan="2"></td></tr>
<tr><td>统一社会信用代码/登记证号</td><td colspan="2"></td></tr>
<tr><td rowspan="2">增、减、补、换发证照情况</td><td>□增□减□补</td><td>□营业执照正本壹份
□营业执照副本____份
□外国（地区）企业常驻代表机构登记证壹份
□代表证____份</td></tr>
<tr><td>□换</td><td>□营业执照正本壹份
□营业执照副本____份
□外国（地区）企业常驻代表机构登记证壹份
□代表证____份</td></tr>
<tr><td>登记意见</td><td colspan="2">登记人员签字：
登记日期：　　　年　　月　　日</td></tr>
<tr><td>备　　注</td><td colspan="2"></td></tr>
</table>

(适用于增、减、补、换证照)

审 10

股权出质登记审核表

质权登记编号：

股权所在公司名称	
股权所在公司 统一社会信用代码	
出质人姓名（名称） 及证照号码	
质权人姓名（名称） 及证照号码	
出质股权数额	万元/万股
变更情况	□出质股权数额变更 □出质人姓名（名称）变更 □质权人姓名（名称）变更 □出质股权所在公司名称变更
注销原因	□主债权消灭 □质权实现 □质权人放弃质权 □法律规定的其它情形导致质权消灭
登记通知书文号	
登记意见	登记人员签字： 登记日期：　　　　　年　　月　　日
备　　注	

（适用于股权出质设立、变更、注销登记）

审 11

股权出质撤销登记审核表

原出质登记事项	
原质权登记编号	
股权所在公司名称	
股权所在公司 统一社会信用代码	
出质人姓名（名称） 及证照号码	
质权人姓名（名称） 及证照号码	
出质股权数额	万元/万股
股权出质撤销登记 通知书文号	
登记意见	登记人员签字： 撤销登记日期：　　　　年　　月　　日
备　　注	

（适用于股权出质撤销登记）

审 12

外国（地区）企业在中国境内从事生产经营活动设立登记审核表

统一社会信用代码：

名　　称			
类　　型			
营业场所			
负 责 人			
经营范围			
所属行业		行业代码	
登记通知书文号			
登记意见	登记人员签字： 登记日期：　　年　　月　　日		
备　　注			

［适用于外国（地区）企业在中国境内从事生产经营活动开业登记］

审 13

外国（地区）企业在中国境内从事生产经营活动变更登记（备案）审核表

统一社会信用代码：

项　　目	原登记事项	登记变更事项
名　　称		
营业场所		
负 责 人		
经营范围		
备案事项	□增设分支机构备案　□联络员备案	
登记（备案）通知书文号		
登记意见	登记人员签字： 登记日期：　　年　　月　　日	
备　　注		

［适用于外国（地区）企业在中国境内从事生产经营活动变更登记和备案］

审 14

外国（地区）企业常驻代表机构设立登记审核表

统一社会信用代码：

名　　称			
类　　型			
营业场所			
负 责 人			
经营范围			
所属行业		行业代码	
登记通知书文号			
登记意见	登记人员签字： 登记日期：　　年　　月　　日		
备　　注			

［适用于外国（地区）企业常驻代表机构设立登记］

审 15

外国（地区）企业常驻代表机构变更登记（备案）审核表

统一社会信用代码：

项　　目	原登记事项	登记变更事项
名　　称		
营业场所		
负 责 人		
经营范围		
备案事项	□代表备案　□外国（地区）企业有权签字人备案 □外国（地区）企业责任形式、资本（资产）、经营范围备案 □联络员备案	
登记（备案）通知书文号		
登记意见	登记人员签字： 登记日期：　　年　　月　　日	
备　　注		

［适用于外国（地区）企业常驻代表机构变更登记和备案］

审 16

市场主体歇业备案审核表

统一社会信用代码：

名　　称	
类　　型	
歇业原因	
歇业期间法律文书送达地址	
歇业期间联系电话	
歇业期限	
登记意见	登记人员签字： 登记日期：　　　年　　月　　日
备　　注	

（适用于市场主体歇业备案登记）

审 17

市场主体登记证照核发和归档记录表

名　　称			
统一社会信用代码/注册号		登记类型	
核准日期		业务号	
颁发证照、文书情况	营业执照正本____个　营业执照副本____个 登记证____个　代表证____个　通知书____个		
通知书名称	通知书文号	发放日期	
邮寄送达			
颁发人	签　　字		
	日　　期		
	备　　注		
打印人		打印日期	
归档人		归档日期	
归档文件情况			
备　　注			

审 18

市场主体登记（备案）提交材料目录

序号	材　料　名　称
1	
2	
3	
4	
5	
6	
7	
8	
9	
10	
11	
12	

(适用于各类市场主体的登记、备案)

第三部分　市场主体登记通知文书规范

通 01

接收申请材料凭据

（　　）登收字〔　　〕第　　号

________________________（市场主体名称）：

你单位提交的申请材料收到，我局将在三个工作日内对申请材料进行审查。

（登记机关盖章）

年　　月　　日

接收材料见附表。

通 02

延期登记通知书

（　　）登延字〔　　〕第　　号

____________________________（市场主体名称）：

你单位提交的申请材料收到，因情形复杂，我局将在三个工作日内对申请材料进行审查。

（登记机关盖章）

年　　月　　日

接收材料见附表。

通 01/02 附表

申请材料接收目录

序号	申请材料名称

注：1. 本目录为《接收申请材料凭据》[①] 和《延期登记通知书》的附表，适用于申请材料不能当场登记或情形复杂的情形。

2. 本页目录不够填写，可复印填写。

① 公布文件原为《申请材料接受凭据》，本书根据通 01《接收申请材料凭据》予以修改。——编者注

通 03

登记通知书

（　　）登字〔　　〕第　　号

______________________（市场主体名称）：

你单位提交的__设立（变更、注销）__登记申请材料齐全，符合法定形式，我局予以登记。

（登记机关盖章）

年　　月　　日

注： 1. 本通知书适用于市场主体的设立、变更、注销登记。

2. 名称变更登记的，各登记机关可依据市场主体需求在本通知书载明名称变更内容，但各登记机关应当鼓励市场主体自行查阅属于公示信息的登记（备案）内容。

3. 公司因合并分立申请登记的，各登记机关可在本通知书载明公司合并分立内容。

通 04

不予登记通知书

（　　）不予登字〔　　〕第　　号

__________________________（市场主体名称）：

你单位提交的设立（变更、注销）登记申请，我局不予登记，理由如下：

如对本通知书持有异议，可以自收到本通知后六十日内依据《中华人民共和国行政复议法》的规定，向本级人民政府申请行政复议，也可以自收到本通知后六个月内依据《中华人民共和国行政诉讼法》的规定，直接向人民法院提起行政诉讼。

（登记机关盖章）

年　　月　　日

注：本通知适用于市场主体设立、变更、注销、撤销登记申请。

通 05

公司撤销变更登记决定书

（　　）撤登字〔　　〕第　　号

________________________：

你单位提交的撤销登记申请，我局经调查，决定撤销____年____月____日________________________登记。

如对本决定持有异议，可以自收到本通知后六十日内依据《中华人民共和国行政复议法》的规定，向本级人民政府申请行政复议，也可以自收到本通知后六个月内依据《中华人民共和国行政诉讼法》的规定，直接向人民法院提起行政诉讼。

（登记机关盖章）

年　　月　　日

通 06

公司不予撤销变更登记决定书

（　　）不予撤登字〔　　〕第　　号

____________________________：

你单位提交的撤销登记申请，我局经调查，决定不予撤销____年____月____日____________________________登记。

如对本决定持有异议，可以自收到本通知后六十日内依据《中华人民共和国行政复议法》的规定，向本级人民政府申请行政复议，也可以自收到本通知后六个月内依据《中华人民共和国行政诉讼法》的规定，直接向人民法院提起行政诉讼。

（登记机关盖章）

年　　月　　日

通 07

准予迁入调档函

（　　）准迁入字〔　　〕第　　号

______________________（市场主体名称）：

你单位由______________________（登记机关名称）迁移至我局登记。请持本函及时到原登记机关办理调档手续。

地址：______________________________________

联系电话：__________________________________

（登记机关盖章）

年　　月　　日

注： 1. 本通知书适用于市场主体的迁移。

2. 拟迁移市场主体持本函及时到迁出地登记机关办理迁出，迁出地登记机关凭本函办理市场主体档案迁移手续。

3. 办理档案迁移手续后，拟迁移市场主体应再持本函及时到迁入地登记机关办理变更登记。

通 08

增、减、补、换发证照通知书

（　　）登增（减、补、换）字〔　　〕第　　号

______________________（市场主体名称）：

我局予以增（减、补、换）发______________________（证照名称）______________________ ____份。

（登记机关盖章）

年　　月　　日

注：本通知书适用于市场主体的增、减、补、换发证照申请。

通 09

股权出质设立登记通知书

（　　）股权质设字〔　　〕第　　号

________________（出质人、质权人）：

根据申请，我局于____年____月____日办理股权出质登记，质权自登记之日起设立。相关情况如下：

质权登记编号：

出质股权所在公司名称：

出质股权所在公司统一社会信用代码：

出质股权数额：　　　　　　万元/万股

出质人：

出质人证件号码：

质权人：

质权人证件号码：

（登记机关股权出质登记专用章）

年　　月　　日

注：本通知书适用于股权出质设立登记申请。

通 10

股权出质变更登记通知书

（　　）股权质变字〔　　〕第　　号

________________________（出质人、质权人）：

根据申请，我局于____年____月____日为登记编号：________________________________的质权办理变更登记。变更后相关情况如下：

（登记机关股权出质登记专用章）

年　　月　　日

注：本通知书适用于股权出质变更登记申请。

通 11

股权出质注销登记通知书

（　　）股权质销字〔　　〕第　　号

______________________（出质人、质权人）：

根据申请，我局于____年____月____日为登记编号：______
______________________的质权办理注销登记。

（登记机关股权出质登记专用章）

年　　月　　日

注：本通知书适用于股权出质注销登记申请。

通12

股权出质撤销登记通知书

（　　）股权质撤字〔　　〕第　　号

________________________（出质人、质权人）：

根据申请，我局于____年____月____日办理股权出质撤销登记。原出质登记事项如下：

质权登记编号：

出质股权所在公司名称：

出质股权所在公司统一社会信用代码：

出质股权数额：　　　　　　　　　万元/万股

出质人：

出质人证件号码：

质权人：

质权人证件号码：

（登记机关股权出质登记专用章）

年　　月　　日

注：本通知书适用于股权出质撤销登记申请。

通 13

申请材料补正告知书

__________________________（市场主体名称）：

您提交的申请材料还需进一步补充或修正，请您按照本告知书中提示的内容对申请材料进行补正。

申请材料中还需补充或修正的具体内容如下：

（登记机关盖章）

年　　月　　日

通 14

核发证照情况表

<table>
<tr><td>名　　称</td><td colspan="3"></td></tr>
<tr><td>统一社会信用代码
/注册号</td><td></td><td>登记类型</td><td></td></tr>
<tr><td>核准日期</td><td></td><td>发照日期</td><td></td></tr>
<tr><td>通知书名称</td><td>通知书文号</td><td>领取人签字</td><td>领取日期</td></tr>
<tr><td></td><td></td><td></td><td></td></tr>
<tr><td></td><td></td><td></td><td></td></tr>
<tr><td></td><td></td><td></td><td></td></tr>
<tr><td colspan="2">营业执照正本____份
营业执照副本____份</td><td></td><td></td></tr>
<tr><td colspan="2">外国（地区）企业常驻代表机构
登记证____份</td><td></td><td></td></tr>
<tr><td colspan="2">外国（地区）企业常驻代表机构
代表证____份</td><td></td><td></td></tr>
<tr><td>备　　注</td><td colspan="3"></td></tr>
</table>

三

市场主体登记提交材料规范

市场主体登记提交材料规范[①]

（2022年2月28日　国市监注发〔2022〕24号）

说　　明

1. 提交的登记申请文书与其它申请材料应当使用A4型白色纸张。依本表打印生成的，使用黑色或蓝色墨水钢笔或签字笔签字；手工填写的，使用黑色或蓝色墨水钢笔或签字笔工整填写、签字。

2. 对于现场窗口提交材料的，未注明提交复印件的，应当提交原件（未注明复印件的即为原件）；提交复印件的，应当注明"与原件一致"并由申请人签署，或者由其指定的代表或共同委托的代理人签字。

3. 通过全程电子化方式申请登记注册的，主体资格证明、身份证明、批准证书、章程、决议等文件可通过全程电子化登记系统提交原件影像（印）件，或通过登记业务系统设置的申请文书格式规范生成相关材料并使用。

4. 申请人通过电子化登记系统上传的手写签名申请材料图片或影像（印）件，在登记机关审核后，需将纸质资料送达登记注册窗口存档。电子化存档能够满足档案管理要求的，登记机关可以免除申请人提交相关纸质材料。

5. 提交材料涉及签署，参照申请书中申请人的注释，未注明签署人的，自然人由本人签字，法人和其他组织由法定代表人、负责人或有权签字人签字，并加盖公章。涉及代签文书的，需提

---

① 参见《市场监管总局关于印发〈市场主体登记文书规范〉〈市场主体登记提交材料规范〉的通知》，载国家市场监督管理总局网站，https://gkml.samr.gov.cn/nsjg/djzcj/202203/t20220301_340075.html，2022年3月26日访问。

交授权人委托他人签字的授权委托书，授权委托书应为原件，且授权人应亲笔签字。

6. 提交材料、公证认证文书为外文的，应附加盖翻译单位公章的中文翻译件，由翻译单位注明“翻译准确”，并提交翻译单位主体资格证明复印件。

7. 提交住所使用的相关文件，各省、自治区、直辖市人民政府根据法律法规的规定和本地区管理的实际需要，就住所、经营场所证明材料作出或授权下级人民政府作出具体规定的，从其规定。

8. 在办理登记、备案事项时，申请人应当配合登记机关通过实名认证系统，采用人脸识别等方式对下列人员进行实名验证。因特殊原因，当事人无法通过实名认证系统核验身份信息的，可以提交经依法公证的自然人身份证明文件，或者由本人持身份证件到现场办理。

9. 管辖地登记机关和其他政府部门已共享身份认证信息、清税信息或电子证照等数据信息，且可以在线核验、存档的，无需申请人另行提交纸质材料。

10. 依据《中外合资经营企业法》、《外资企业法》、《中外合作经营企业法》等法规设立的外商投资公司、非公司外商投资企业、外商投资公司分公司、非公司外商投资企业分支机构，在2020年1月1日《外商投资法》实施后，未调整其组织形式、组织机构的，在2024年12月31日前的过渡期内申请办理变更、备案、注销登记时，继续按照《市场监管总局关于印发〈企业登记申请文书规范〉〈企业登记提交材料规范〉的通知》（国市监注〔2019〕2号）中有关变更、备案、注销的文书和材料规范要求办理。

第一部分　企业登记（备案）提交材料规范

一、公司登记（备案）提交材料规范

【1】公司设立登记提交材料规范

1.《公司登记（备案）申请书》。

2. 公司章程（有限责任公司由全体股东签署，股份有限公司由全体发起人签署）。

3. 股东、发起人的主体资格文件或自然人身份证明。

◆股东、发起人为企业的，提交营业执照复印件。

◆股东、发起人为事业法人的，提交事业单位法人登记证书复印件。

◆股东、发起人为社团法人的，提交社会团体法人登记证复印件。

◆股东、发起人为民办非企业单位的，提交民办非企业单位登记证书复印件。

◆股东、发起人为自然人的，提交身份证件复印件。

◆股东、发起人为外国投资者的，其主体资格文件或身份证明应当经所在国家公证机关公证并经中国驻该国使（领）馆认证。如其本国与中国没有外交关系，则应当经与中国有外交关系的第三国驻该国使（领）馆认证，再由中国驻该第三国使（领）馆认证。某些国家的海外属地出具的文书，应先在该属地办妥公证，再经该国外交机构认证，最后由中国驻该国使（领）馆认证。中国与有关国家缔结或者共同参加的国际条约对认证另有规定的除外。外国自然人来华投资设立企业，提交的身份证明文件为中华人民共和国外国人永久居留身份证的，无需公证认证。外国自然人提交的身份证明文件为经中国使（领）馆签证并经中国出入境管理部门确认入境手续的护照的，经原件核对后，无需公证。

香港特别行政区、澳门特别行政区和台湾地区投资者的主体资格文件或者身份证明应当按照专项规定或者协议，依法提供当地公证机构的公证文件。香港特别行政区、澳门特别行政区自然人投资者的身份证明为当地永久性居民身份证、特别行政区护照或者内地公安部门颁发的港澳居民居住证、内地出入境管理部门颁发的往来内地通行证；提交港澳居民居住证或者往来内地通行证的，无需公证。大陆公安部门颁发的台湾居民居住证、大陆出入境管理部门颁发的台湾居民往来大陆通行证，可作为台湾地区自然人投资者的身份证明且无需公证认证。

◆股东、发起人为其他类型法人的，提交有关法律法规规定的资格证明复印件。

4. 法定代表人、董事、监事和高级管理人员的任职文件。法定代表人、董事、监事和高级管理人员的身份证件复印件（提交纸质材料办理登记的，在申请书中粘贴身份证复印件）。

◆根据《公司法》和公司章程的规定，有限责任公司提交股东决定或股东会决议，发起设立的股份有限公司提交股东大会会议记录（募集设立的股份有限公司提交创立大会会议记录）。对《公司法》和章程规定公司组织机构人员任职须经董事会、监事会、职工代表大会等形式产生的，还需提交董事签字的董事会决议、监事签字的监事会决议、职工代表签字的职工代表大会决议等相关材料。

5. 住所使用相关文件。

6. 募集设立的股份有限公司提交依法设立的验资机构出具的验资证明。涉及发起人首次出资是非货币财产的，提交已办理财产权转移手续的证明文件。

7. 募集设立的股份有限公司公开发行股票的应提交国务院证券监督管理机构的核准文件。

8. 法律、行政法规和国务院决定规定设立公司必须报经批准的或公司申请登记的经营范围中有法律、行政法规和国务院决定规定必须在登记前报经批准的项目，提交有关批准文件或者许可证件的复印件。

注：依照《公司法》、《外商投资法》、《市场主体登记管理条例》设立的公司申请设立登记适用本规范。

【2】公司变更登记提交材料规范

1.《公司登记（备案）申请书》。

2. 变更登记事项涉及公司章程修改的，提交修改公司章程的决议、决定（其中股东变更登记无须提交该文件，公司章程另有规定的，从其规定）。

◆有限责任公司提交由代表三分之二以上表决权的股东签署的股东会决议。

◆股份有限公司提交由会议主持人及出席会议的董事签署的股东大会会议记录。

◆一人有限责任公司提交股东签署的书面决定。

◆国有独资公司提交国务院、地方人民政府或者其授权的本级人民政府国有资产监督管理机构的批准文件复印件。

3. 变更登记事项涉及公司章程修改的，提交修改后的公司章程或者公司章程修正案，并由公司法定代表人在公司章程或公司章程修正案上签字确认。

4. 变更事项相关证明文件。

◆变更公司名称的，应当向有管辖权的登记机关提出申请。

◆变更住所的，提交变更后住所使用相关文件。

◆变更法定代表人的，根据公司章程的规定提交法定代表人免职证明和新任法定代表人的任职证明（股东会决议、股东决定由股东签署，董事会决议由公司董事签字）。

◆法定代表人更改姓名的，提交公安部门出具的证明（自然人更改姓名后，其身份证号码与更改姓名前一致的，无需提交公安部门证明，只需提交新的身份证件复印件）。

◆减少注册资本的，提交公司债务清偿或债务担保情况的说明，仅通过报纸发布减少注册资本公告的，需要提交依法刊登公告的报纸样张。应当自公告之日起45日后申请变更登记。已通过国家企业信用信息公示系统发布减少注册资本公告的，可免于提交减资公告材料。

◆变更经营范围的，公司申请登记的经营范围中有法律、行政法规和国务院决定规定必须在登记前报经批准的项目，提交有关批准文件或者许可证件的复印件。

◆变更股东的，股东向其他股东转让全部股权的，提交股东双方签署的股权转让协议或者股权交割证明。股东向股东以外的人转让股权的，提交其他股东过半数同意的文件；其他股东接到通知三十日未答复的，提交拟转让股东就转让事宜发给其他股东的书面通知；股东双方签署的股权转让协议或者股权交割证明；新股东的主体资格文件或自然人身份证件复印件。

因继承、受遗赠取得股权，当事人申请办理股东登记的，可以提交经公证的材料或者生效的法律文书等继承证明材料。

公司章程对股权转让、股权继承另有规定的，从其规定。

人民法院依法判决、裁定划转股权的，应当提交人民法院的生效判决书或裁定书，无须提交股东双方签署的股权转让协议或者股权交割证明和其他股东过半数同意的文件；国务院、地方人民政府或者其授权的本级人民政府国有资产监督管理机构划转国有资产相关股权的，提交国务院、地方人民政府或者其授权的本级人民政府国有资产监督管理机构关于划转股权的文件，无须提交股东双方签署的股权转让协议或者股权交割证明。

◆因股东或发起人自身更名，需要变更登记的股东或发起人名称或姓名的，提交股东或发起人名称或姓名变更证明；股东或发起人更名后新的主体资格文件或者自然人身份证件复印件。其中，自然人股东或发起人更改姓名的，如其身份证号码与更改姓名前一致的，无需提交公安部门证明，只需提交新的身份证件复印件。

外国投资者的名称变更证明文件应当经所在国家公证机关公

证并经中国驻该国使（领）馆认证。如其本国与中国没有外交关系，则应当经与中国有外交关系的第三国驻该国使（领）馆认证，再由中国驻该第三国使（领）馆认证。某些国家的海外属地出具的文书，应先在该属地办妥公证，再经该国外交机构认证，最后由中国驻该国使（领）馆认证。中国与有关国家缔结或者共同参加的国际条约对认证另有规定的除外。

香港特别行政区、澳门特别行政区和台湾地区投资者的名称变更文件应当按照专项规定或者协议，依法提供当地公证机构的公证文件。提交港澳居民居住证或者往来内地通行证的，无需公证。大陆公安部门颁发的台湾居民居住证、大陆出入境管理部门颁发的台湾居民往来大陆通行证，可作为台湾地区自然人投资者的身份证明且无需公证。

◆股份有限公司以公开发行新股方式或者上市公司以非公开发行新股方式增加注册资本的，还应当提交国务院证券监督管理机构的核准文件。

◆以上各项涉及其他登记事项变更的，应当同时申请变更登记，按相应的提交材料规范提交相应的材料。

5. 法律、行政法规和国务院决定规定公司变更事项必须报经批准的，提交有关的批准文件或者许可证件复印件。

6. 已领取纸质版营业执照的缴回营业执照正、副本。

注： 1. 依照《公司法》、《外商投资法》、《市场主体登记管理条例》、原《公司登记管理条例》设立的公司申请变更登记适用本规范。

2. 人民法院要求协助执行办理有限责任公司股东变更登记的，执行人员需到被执行人股权所在有限责任公司登记的登记机关办理，执行人员出示工作证或者执行公务证，送达生效法律文书副本或者执行裁定书、协助执行通知书、协助公示执行信息需求书、合法受让人的身份或资格证明。

3. 股份有限公司的股东名称和股份数额不是登记事项，登记机关不办理股份有限公司的股东变更登记。

4. 主体资格文件或自然人身份证明材料要求参照“【1】公司设立登记提交材料规范”中有关“股东、发起人的主体资格文件或自然人身份证明”的规定。

【3】公司备案提交材料规范

1.《公司登记（备案）申请书》。

2. 法律、行政法规和国务院决定规定备案事项必须报经批准的，提交有关的批准文件或者许可证件复印件。

3. 备案事项证明文件。

◆章程备案。提交修改后的公司章程或者公司章程修正案（公司法定代表人签署确认）；关于修改公司章程的决议、决定（其中股东变更登记无须提交该文件，公司章程另有规定的，从其规定）。有限责任公司提交由代表三分之二以上表决权的股东签署的股东会决议；股份有限公司提交由会议主持人及出席会议的董事签署的股东大会会议记录；一人有限责任公司提交股东签署的书面决定；国有独资公司提交国务院、地方人民政府或者其授权的本级人民政府国有资产监督管理机构的批准文件复印件。

◆经营期限、认缴的出资数额备案，提交修改后的公司章程或者公司章程修正案（公司法定代表人签署）。其中因股东之间转让部分股权导致认缴的出资数额变更的，还需提交股东双方签署的股权转让协议或者股权交割证明。

◆董事、监事、高级管理人员备案，提交有关董事、监事、高级管理人员任免职的决议、决定。

根据《公司法》和公司章程的规定，有限责任公司提交股东决定或股东会决议，发起设立的股份有限公司提交股东大会会议记录（募集设立的股份有限公司提交创立大会会议记录）。对《公司法》和章程规定公司组织机构人员任职须经董事会、监事会、职工大会（职工代表大会）等形式产生的，还需提交董事签字的董事会决议、监事签字的监事会决议、职工（职工代表）签字的职工大会（职工代表大会）决议等相关材料。

◆更换登记联络员，填写《联络员信息表》，提交联络员的身份证明复印件（使用纸质材料办理登记的，直接在申请书中粘贴身份证复印件）。

◆更换境外投资者法律文件送达接受人，被授权人为自然人的，提交《外商投资企业法律文件送达授权委托书》及被授权人身份证明复印件。被授权人为非自然人的，提交《外商投资企业法律文件送达授权委托书》、被授权人的主体资格文件复印件及被授权联系人身份证明复印件。

注：1. 依照《公司法》、《外商投资法》、《市场主体登记管理条例》设立的公司申请备案适用本规范。

2. 公司备案与公司变更登记同时申请时，可一并提交有关材料。

【4】公司注销登记提交材料规范

1. 《企业注销登记申请书》。

2. 公司依照《公司法》作出解散的决议或者决定，人民法院的破产裁定、解散裁判文书，行政机关责令关闭、公司依法被吊销营业执照或被撤销的文件。

3. 股东会、股东大会、一人有限责任公司的股东或人民法院、公司批准机关确认的清算报告。

◆有限责任公司由代表三分之二以上表决权的股东签署确认；一人有限责任公司由股东签署确认；股份有限公司由股东大会会议主持人及出席会议的董事签字确认。

◆国有独资公司由国务院、地方人民政府或者其授权的本级人民政府国有资产监督管理机构签署确认。

4. 国有独资公司申请注销登记，还应当提交国有资产监督管理机构的决定。其中，国务院确定的重要的国有独资公司，还应当提交本级人民政府的批准文件复印件。

5. 清税证明材料。

6. 仅通过报纸发布债权人公告的，需要提交依法刊登公告的报纸样张。

7. 清算人、破产管理人申请注销登记的，应提交人民法院指定其为清算人、破产管理人的证明。

8. 法律、行政法规和国务院决定规定注销公司必须报经批准的，提交有关批准文件的复印件。

9. 已领取纸质版营业执照的缴回营业执照正、副本。

注： 1. 依照《公司法》、《外商投资法》、《市场主体登记管理条例》设立的公司申请注销登记适用本规范。

2. 因合并、分立而解散的公司，不进行清算的，办理公司注销登记时无需提交此规范第 3 项材料，提交合并协议或分立决议、决定。合并协议、分立决议或决定中载明解散公司需办理清算的，在办理注销登记时需提交清算报告。

3. 申请简易注销登记的，提交《简易注销全体投资人承诺书》，提交此规范第 1、9 项材料。

4. 经人民法院裁定宣告破产并终结破产程序、强制清算程序终结后办理注销登记的，提交此规范第 1、7、9 项材料以及人民法院宣告破产的裁定书和终结破产程序的裁定书原件、人民法院终结强制清算程序的裁定书原件（包括以无法清算或无法全面清算为由作出的裁定）。

【5】撤销变更登记提交材料规范

1. 公司撤销变更登记申请。申请应当载明公司名称、申请撤销的变更登记事项及登记时间、准予变更登记通知书文号、人民法院裁判文书文号、指定代表或者共同委托代理人委托的事项、权限及指定代表或委托代理人的身份证件复印件等内容，并由法定代表人签字、公司加盖公章。

2. 人民法院生效的裁判文书。

3. 已领取纸质版营业执照的缴回营业执照正、副本。

注： 1. 依照《公司法》、《外商投资法》、《市场主体登记管理条例》设立的公司依据《公司法》第二十二条的有关规定申请

撤销变更登记适用本规范。

2. 撤销变更登记申请可自拟。

【6】分公司设立登记提交材料规范

1.《分支机构登记（备案）申请书》。

2. 经营场所使用相关文件。

3. 分公司负责人的任职信息及身份证件复印件（使用纸质材料办理登记的，在申请书中粘贴身份证复印件。分公司负责人的任职信息由分公司隶属公司的法定代表人在申请书中签署确认）。

4. 公司营业执照复印件。

5. 法律、行政法规和国务院决定规定设立分公司必须报经批准的或分公司申请登记的经营范围中有法律、行政法规和国务院决定规定必须在登记前报经批准的项目，提交有关批准文件或者许可证件的复印件。

注： 1. 依照《公司法》、《外商投资法》、《市场主体登记管理条例》设立的分公司申请设立登记适用本规范。

2. 分公司设立登记免于提交公司章程。

【7】分公司变更登记（备案）提交材料规范

1.《分支机构登记（备案）申请书》。

2. 变更事项相关证明文件。

◆变更名称的，应当向有管辖权的登记机关提出申请。因隶属公司名称变更而申请变更分公司名称的，提交变更后公司营业执照复印件。

◆变更经营场所的，提交变更后经营场所的使用相关文件。

◆变更负责人的，应当向登记机关提出申请。负责人更改姓名的，同时提交公安部门出具的证明（自然人更改姓名后，其身份证号码与更改姓名前一致的，无需提交公安部门证明，只需提交新的身份证件复印件）。

◆变更经营范围的，变更后经营范围涉及法律、行政法规和国务院决定规定必须在登记前报经批准的项目，提交有关批准文件或者许可证件的复印件。

◆分公司变更企业类型的，提交变更后公司营业执照复印件。

◆因分公司隶属的公司发生合并（分立），分公司归属于新设或存续公司的，该分公司申请变更登记的，提交以下材料：（1）合并的提交合并协议复印件，分立的提交分立决议或决定复印件；（2）载明合并（分立）情况的导致公司解散的注销证明、新设或存续公司的设立或变更证明。（3）因合并（分立）新设或存续公司的营业执照复印件。

3. 法律、行政法规规定分公司变更登记事项必须报经批准的，提交有关的批准文件或者许可证件复印件。

4. 备案事项证明文件。

◆更换登记联络员，填写《联络员信息表》，提交联络员的身份证明复印件（使用纸质材料办理变更登记的，在申请书中粘贴身份证复印件）。

5. 办理变更登记的，已领取纸质版营业执照的缴回营业执照正、副本。

注：依照《公司法》、《外商投资法》、《市场主体登记管理条例》设立的分公司申请变更登记、备案适用本规范。

【8】分公司注销登记提交材料规范

1. 《分支机构登记（备案）申请书》。

2. 清税证明材料。

3. 法律、行政法规或者国务院规定注销分公司须经批准的，提交有关批准文件复印件。

4. 已领取纸质版营业执照的缴回营业执照正、副本。

注：1. 依照《公司法》、《外商投资法》、《市场主体登记管理条例》设立的分公司申请注销登记适用本规范。

2. 申请简易注销登记的，提交《简易注销全体投资人承诺书》，提交此规范第 1、4 项材料。

3. 分公司注销登记免于提交依法作出注销的决议、决定，或者被行政机关吊销营业执照、责令关闭、撤销的文件。免于提交清算报告、负责清理债权债务的文件或者清理债务完结的证明。

4. 公司经人民法院裁定宣告破产并终结破产程序、强制清算程序终结，分公司办理注销登记的，提交此规范第 1、4 项材料以及公司经人民法院宣告破产的裁定书和终结破产程序的裁定书原件、人民法院终结强制清算程序的裁定书原件（包括以无法清算或无法全面清算为由作出的裁定）。

【9】因公司合并（分立）申请设立、变更或注销登记提交材料规范

因合并（分立）申请设立、变更或注销登记的公司，除按照本规范提交设立、变更或注销登记材料外，还应当提交以下材料：

1. 决议或决定。

合并的除提交合并各方公司关于通过合并协议的决议或决定外，还需提交合并各方签署的合并协议。合并协议应当包括：合并协议各方的名称，合并形式，合并后公司的名称，合并后公司的注册资本，合并协议各方债权、债务的承继方案，解散公司分公司、持有其他公司股权的处置情况，签约日期、地点以及合并协议各方认为需要规定的其他事项。

分立的提交公司分立的决议或决定。分立决议或决定应当包括：分立形式，分立前后公司的名称，分立后公司的注册资本，分立后原公司债权、债务的承继方案，公司分公司、持有其他公司股权的处置情况。

◆有限责任公司提交由代表三分之二以上表决权的股东签署的股东会决议。

◆股份有限公司提交由会议主持人及出席会议的董事签署的股东大会会议记录。

◆一人有限责任公司提交股东签署的书面决定。

◆国有独资公司提交国务院、地方人民政府或者其授权的本级人民政府国有资产监督管理机构的批准文件复印件。

2. 通过报纸公告的提交刊登公告的报纸样张。合并（分立）公告应当包括：合并（分立）各方的名称，合并（分立）形式，合并（分立）前后各公司的注册资本。

3. 合并/分立方的营业执照复印件。

4. 债务清偿或者债务担保情况的说明。

5. 法律、行政法规和国务院决定规定必须报经批准的或因合并（分立）新设公司的经营范围、存续公司新增的经营范围中，涉及法律法规规定应当在登记前报经有关部门审批的，提交有关的批准文件或者许可证件复印件。

6. 因合并（分立）办理公司设立、变更登记的，提交载明合并（分立）情况的解散公司的注销证明或载明分立情况的存续公司的变更证明。

注：1. 因合并（分立）而解散的公司不进行清算的，注销登记可以不提交清算报告，但是合并协议、分立决议或决定中载明解散公司需先行办理清算的除外。

2. 因合并（分立）申请设立登记、变更登记、注销登记，应当自合并（分立）公告之日起45日后。

3. 已领取纸质版营业执照的，缴回营业执照正、副本。

【10】因公司的股东发生合并（分立），公司申请变更登记提交材料规范

公司的股东因其自身合并（分立）产生变化的，公司在申请该股东变更登记时，应当提交以下材料：

1. 《企业登记（备案）申请书》。

2. 合并的提交合并协议复印件；分立的提交分立决议或决定复印件。

3. 公司的股东因合并（分立）解散的，提交载明合并（分

立）情况的注销证明，因合并（分立）新设的，提交设立证明。合并（分立）后存续的，提交变更证明。

4. 公司章程或者公司章程修正案（公司法定代表人签字）。

5. 合并（分立）后，新设或存续的公司股东的主体资格证明复印件。

6. 法律、行政法规和国务院决定规定必须报经批准的，提交有关的批准文件或者许可证件复印件。

7. 已领取纸质版营业执照的，缴回营业执照正、副本。

二、非公司企业法人登记（备案）提交材料规范

【1】非公司企业法人设立登记提交材料规范

1.《非公司企业法人登记（备案）申请书》。

2. 企业法人组织章程（主管部门（出资人）加盖公章）。

3. 出资人（主管部门）的主体资格文件。

◆出资人（主管部门）为企业的，提交营业执照复印件。

◆出资人（主管部门）为事业法人的，提交事业单位法人登记证书复印件。

◆出资人（主管部门）为社团法人的，提交社会团体法人登记证复印件。

◆出资人（主管部门）为民办非企业单位的，提交民办非企业单位登记证书复印件。

◆出资人（主管部门）为其他类型法人的，提交有关法律法规规定的资格证明复印件。

4. 企业法定代表人的任职文件。

5. 住所使用相关文件。

6. 法律、行政法规规定设立企业必须报经批准的或企业申请登记的经营范围中有法律、行政法规和国务院决定规定必须在登记前报经批准的项目，提交有关的批准文件或者许可证件复印件。

注：依照《市场主体登记管理条例》、《城镇集体所有制企业条例》、《乡村集体所有制企业条例》设立的非公司企业法人申请设立登记适用本规范。

【2】非公司企业法人变更登记提交材料规范

1.《非公司企业法人登记（备案）申请书》。

2. 变更登记事项涉及企业章程修改的，提交修改企业章程的决定及修改后的企业章程或章程修正案［由出资人（主管部门）签署］。

3. 变更事项相关证明文件。

◆变更企业名称的，应当向有管辖权的登记机关提出申请。

◆变更住所的，提交变更后住所的使用相关文件。

◆变更法定代表人的，提交原任法定代表人的免职证明、新任法定代表人的任职证明及身份证件复印件。法定代表人更改姓名的，提交公安部门出具的证明（自然人更改姓名后，其身份证号码与更改姓名前一致的，无需提交公安部门证明，只需提交新的身份证件复印件）。

◆变更经营范围的，企业申请的经营范围中含有法律、行政法规和国务院决定规定必须在登记前报经批准的项目，应当提交有关的批准文件或者许可证件复印件。

◆变更出资额的，提交修改后的企业章程或章程修正案。

◆变更出资人（主管部门）的，提交（1）企业原出资人（主管部门）的上级机关同意其转让的批准文件、变动后出资人（主管部门）的上级机关同意其受让的批准文件复印件。（2）企业原出资人（主管部门）与变动后出资人（主管部门）签署的转让协议（国务院、地方人民政府或者其授权的本级人民政府国有资产监督管理机构决定划转的可不提交）。（3）变动后出资人（主管部门）的主体资格文件复印件。

◆变更出资人（主管部门）名称的，提交出资人（主管部门）名称变更证明；出资人（主管部门）更名后新的主体资格文件复印件。

◆以上各项涉及其他登记事项变更的，应当同时申请变更登记，按相应的提交材料规范提交相应的材料。

4. 法律、行政法规和国务院决定规定变更事项必须报经批准的，提交有关的批准文件或者许可证件复印件。

5. 已领取纸质版营业执照的缴回营业执照正、副本。

注：1. 依照《市场主体登记管理条例》设立的非公司企业法人申请变更登记适用本规范。

2. 主体资格文件参照非公司企业法人设立登记中的规定。

【3】非公司企业法人备案提交材料规范

1.《非公司企业法人登记（备案）申请书》。

2. 备案事项涉及企业章程修改的，提交修改企业章程的决定。

3. 备案事项证明文件。

◆章程备案，提交修改后的企业章程或者章程修正案，企业章程或者章程修正案由出资人（主管部门）加盖公章。

◆经营期限备案，提交出资人（主管部门）出具的更改经营期限的文件。

◆更换登记联络员，填写《联络员信息表》，提交联络员的身份证明复印件（使用纸质材料办理登记的，在申请书中粘贴身份证复印件）。

4. 法律、行政法规和国务院决定规定备案事项必须报经批准的，提交有关的批准文件或者许可证件复印件。

注：1. 依照《市场主体登记管理条例》登记的非公司企业法人申请备案适用本规范。

2. 非公司企业法人备案与非公司企业法人有关变更登记同时申请时，可一并提交有关材料。

【4】非公司企业法人注销登记提交材料规范

1.《企业注销登记申请书》。

2. 出资人（主管部门）批准该企业法人注销的文件，人民法院的破产裁定、解散裁判文书，行政机关责令该企业法人关闭、该企业依法被吊销营业执照或被撤销登记的文件。

3. 出资人（主管部门）、清算组织出具的负责清理债权债务的文件，或清算组织、人民法院确认的清算报告。

4. 清税证明材料。

5. 法律、行政法规规定非公司企业法人办理注销登记必须报经批准的，提交批准文件复印件。

6. 已领取纸质版营业执照的缴回营业执照正、副本。

注：1. 依照《市场主体登记管理条例》设立的非公司企业法人申请注销登记适用本规范。

2. 申请简易注销登记的，提交《简易注销全体投资人承诺书》，提交此规范第1、6项材料。

3. 经人民法院裁定宣告破产并终结破产程序、强制清算程序终结后办理注销登记的，提交此规范第1、6项材料以及人民法院宣告破产的裁定书和终结破产程序的裁定书原件、人民法院终结强制清算程序的裁定书原件（包括以无法清算或无法全面清算为由作出的裁定）。

【5】非公司企业法人分支机构设立登记提交材料规范

1.《分支机构登记（备案）申请书》。

2. 经营场所使用相关文件。

3. 分支机构负责人的任职信息及身份证件复印件（使用纸质材料办理登记的，在申请书中粘贴身份证复印件。分支机构负责人的任职信息由分支机构隶属企业法人的法定代表人在申请书中签署确认）。

4. 企业法人营业执照复印件。

5. 法律、行政法规和国务院决定规定设立非法人分支机构必须报经批准的或非法人分支机构经营范围涉及法律、行政法规和国务院决定规定登记前必须报经审批项目的，提交有关的批准文件或者许可证书复印件。

注：1. 依照《市场主体登记管理条例》设立的非公司企业法人分支机构申请设立登记适用本规范。

2. 非公司企业法人分支机构设立登记免于提交企业章程。

【6】非公司企业法人分支机构变更登记（备案）提交材料规范

1.《分支机构登记（备案）申请书》。

2. 变更事项相关证明。

◆变更名称的，应当向有管辖权的登记机关提出申请。因分支机构隶属企业名称变更而申请变更分支机构名称的，提交隶属企业名称变更后的营业执照复印件。

◆变更经营场所的，提交变更后经营场所的使用相关文件。

◆变更负责人的，提交原任负责人的免职、新任负责人的任职信息及其身份证件复印件（使用纸质材料办理的，在申请书中粘贴身份证复印件，并由分支机构隶属企业法人的法定代表人在申请书中签署确认分支机构负责人的任职信息）。

负责人更改姓名的，同时提交公安部门出具的证明（自然人更改姓名后，其身份证号码与更改姓名前一致的，无需提交公安部门证明，只需提交新的身份证件复印件）。

◆变更经营范围的，变更后经营范围涉及法律、行政法规和国务院决定规定必须在登记前报经批准的项目，提交有关批准文件或者许可证件的复印件。

◆涉及其他登记事项变更的，按相应的提交材料规范提交相应的材料。

3. 法律、行政法规或者国务院规定须经批准的，提交有关批准文件复印件。

4. 备案事项证明文件。

◆更换登记联络员，填写《联络员信息表》，提交联络员的身份证明复印件（使用纸质材料办理登记的，直接在申请书中粘贴身份证复印件）。

5. 办理变更登记的，已领取纸质版营业执照的缴回营业执照正、副本。

注：依照《市场主体登记管理条例》设立的非公司企业法人分支机构申请变更登记、备案适用本规范。

【7】非公司企业法人分支机构注销登记提交材料规范

1.《分支机构登记（备案）申请书》。

2. 清税证明材料。

3. 法律、行政法规或者国务院规定注销分支机构须经批准的，提交有关批准文件复印件。

4. 被行政机关依法责令关闭的、该分支机构依法被吊销营业执照或被撤销登记的，提交被责令关闭、被吊销营业执照或被撤销登记的文件。

5. 已领取纸质版营业执照的缴回营业执照正、副本。

注：1. 依照《市场主体登记管理条例》设立的非公司企业法人分支机构申请注销登记适用本规范。

2. 申请简易注销登记的，提交《简易注销全体投资人承诺书》，提交此规范第1、5项材料。

3. 非公司企业法人分支机构注销登记免于提交依法作出注销的决议、决定。免于提交负责清理债权债务的文件或者清理债务完结的证明。

4. 企业法人经人民法院裁定宣告破产并终结破产程序、强制清算程序终结，非公司企业法人分支机构办理注销登记的，提交此规范第1、5项材料以及企业法人经人民法院宣告破产的裁定书和终结破产程序的裁定书原件、人民法院终结强制清算程序的裁定书原件（包括以无法清算或无法全面清算为由作出的裁定）。

三、非公司企业法人按《公司法》改制登记提交材料规范

【1】非公司企业法人按《公司法》改制登记提交材料规范

1.《非公司企业改制登记（备案）申请书》。

2. 企业法人的出资人（主管部门）出具的批准改制的文件。改制后公司变更法定代表人的，文件中应明确企业原任法定代表人的免职情况。

3. 职工（代表）大会材料（仅城镇集体所有制企业法人申请按《公司法》改制的提交）。

◆城镇集体所有制企业法人应当提交集体企业的职工（代表）大会的批准决议。

◆乡村集体所有制企业法人应当提交乡或者村的农民大会（农民代表会议）或者代表全体农民的集体经济组织的批准决议或批准文件复印件。

4. 法律、行政法规和国务院决定规定企业按《公司法》改制必须报经批准的，提交有关的批准文件或者许可证件复印件。

5. 改制后的公司章程。

◆改制后为有限责任公司的，由全体股东签署。

◆改制后为国有独资公司的，由国务院、地方人民政府或者其授权的本级人民政府国有资产监督管理机构加盖公章。

◆改制后为一人有限责任公司的，由股东签署。

◆改制后为股份有限公司的，由全体发起人签署。

6. 改制后公司股东或发起人的主体资格文件或者自然人身份证件复印件。

◆股东或者发起人为企业的，提交营业执照复印件。

◆股东或者发起人为事业法人的，提交事业单位法人登记证书复印件。

◆股东或者发起人为社团法人的，提交社会团体法人登记证复印件。

◆股东或者发起人为民办非企业单位的，提交民办非企业单位登记证书复印件。

◆股东或者发起人为自然人的，提交身份证件复印件。

◆股东、发起人为外国投资者的，其主体资格文件或身份证明应当经所在国家公证机关公证并经中国驻该国使（领）馆认证。如其本国与中国没有外交关系，则应当经与中国有外交关系的第三国驻该国使（领）馆认证，再由中国驻该第三国使（领）馆认证。某些国家的海外属地出具的文书，应先在该属地办妥公证，再经该国外交机构认证，最后由中国驻该国使（领）馆认证。中国与有关国家缔结或者共同参加的国际条约对认证另有规定的除外。外国自然人来华投资设立企业，提交的身份证明文件为中华人民共和国外国人永久居留身份证的，无需公证认证。

香港特别行政区、澳门特别行政区和台湾地区投资者的主体资格文件或者身份证明应当按照专项规定或者协议，依法提供当地公证机构的公证文件。香港特别行政区、澳门特别行政区自然人投资者的身份证明为当地永久性居民身份证、特别行政区护照或者内地公安部门颁发的港澳居民居住证、内地出入境管理部门颁发的往来内地通行证；提交港澳居民居住证或者往来内地通行证的，无需公证。大陆公安部门颁发的台湾居民居住证、大陆出入境管理部门颁发的台湾居民往来大陆通行证，可作为台湾地区自然人投资者的身份证明且无需公证认证。

◆其他股东或者发起人提交有关法律法规规定的资格证明。

7. 改制后公司的决议或决定。

◆改制为有限责任公司的提交股东会决议。

◆改制为一人有限责任公司的提交股东决定。

◆改制为股份有限公司的提交股东大会会议记录或者创立大会会议记录。

◆改制为国有独资公司的提交国务院、地方人民政府或者其授权的本级人民政府国有资产监督管理机构的批准文件复印件。

8. 法定代表人、董事、监事和高级管理人员的任职文件。

◆根据《公司法》和公司章程的规定，有限责任公司提交股东决定或股东会决议，发起设立的股份有限公司提交股东大会会议记录（募集设立的股份有限公司提交创立大会会议记录）。对《公司法》和章程规定公司组织机构人员任职须经董事会、监事会、职工大会（职工代表大会）等形式产生的，还需提交董事签字的董事会决议、监事签字的监事会决议、职工（职工代表）签字的职工大会（职工代表大会）决议等相关材料。

9. 改制同时涉及其他登记事项变更的，应当同时申请变更登记，按相应的提交材料规范提交相应的材料。

10. 已领取纸质版营业执照的缴回营业执照正、副本。

注：依照原《企业法人登记管理条例》设立的企业法人申请依照《公司法》、《市场主体登记管理条例》改制为公司适用本规范。

四、合伙企业登记（备案）提交材料规范

【1】合伙企业设立登记提交材料规范

1. 《合伙企业登记（备案）申请书》。

2. 全体合伙人签署的合伙协议。

3. 全体合伙人的主体资格文件或自然人身份证明。

◆合伙人为企业的，提交营业执照副本复印件。

◆合伙人为事业法人的，提交事业单位法人登记证书复印件。

◆合伙人为社团法人的，提交社会团体法人登记证复印件。

◆合伙人为民办非企业单位的，提交民办非企业单位登记证书复印件。

◆合伙人为自然人的，提交身份证件复印件。

◆外方合伙人其主体资格文件或身份证明应当经所在国家公证机关公证并经中国驻该国使（领）馆认证。如其本国与中国没有外交关系，则应当经与中国有外交关系的第三国驻该国使

（领）馆认证，再由中国驻该第三国使（领）馆认证。某些国家的海外属地出具的文书，应先在该属地办妥公证，再经该国外交机构认证，最后由中国驻该国使（领）馆认证。中国与有关国家缔结或者共同参加的国际条约对认证另有规定的除外。外国自然人来华投资设立企业，提交的身份证明文件为中华人民共和国外国人永久居留身份证的，无需公证认证。

香港特别行政区、澳门特别行政区和台湾地区投资者的主体资格文件或者身份证明应当按照专项规定或者协议，依法提供当地公证机构的公证文件。提交港澳居民居住证或者往来内地通行证的，无需公证认证。大陆公安部门颁发的台湾居民居住证、大陆出入境管理部门颁发的台湾居民往来大陆通行证，可作为台湾地区自然人投资者的身份证明且无需公证认证。

◆合伙人为其他类型的，提交有关法律法规规定的资格证明。

4. 主要经营场所使用相关文件。

5. 法律、行政法规和国务院决定规定在登记前须报经批准的或申请登记的经营范围中有法律、行政法规和国务院决定规定须在登记前报经批准的项目，提交有关批准文件或者许可证件的复印件。

6. 法律、行政法规规定设立特殊的普通合伙企业需要提交合伙人的职业资格证明的，提交相应证明。

注：依照《合伙企业法》、《外商投资法》、《市场主体登记管理条例》、原《合伙企业登记管理办法》设立的合伙企业设立登记适用本规范。

【2】合伙企业变更登记提交材料规范

1. 《合伙企业登记（备案）申请书》。

2. 变更登记事项涉及合伙协议修改的，提交全体合伙人或者合伙协议约定的人员签署的变更决定书。

3. 变更登记事项涉及合伙协议修改的，提交修改后或补充的合伙协议（由全体合伙人或者合伙协议约定的人员签署）。

4. 变更事项相关证明文件。

◆变更企业名称的，应当向有管辖权的登记机关提出申请。

◆变更主要经营场所的，提交变更后的主要经营场所使用相关文件。

◆变更经营范围的，企业申请的经营范围中含有法律、行政法规和国务院决定规定必须在登记前报经批准的项目，应当提交有关的批准文件或者许可证件复印件。

◆合伙人住所变更的，提交合伙人住所变更证明文件住所使用文件参照合伙企业设立登记提交材料规范。

◆变更执行事务合伙人的，提交合伙协议或者全体合伙人决定书及新任执行事务合伙人主体资格文件或身份证明复印件。

◆合伙人、执行事务合伙人更改名称或姓名、委派代表更改姓名的，提交相关名称或姓名变更证明，以及变更后新的主体资格文件或者自然人身份证明复印件。自然人更改姓名后，其身份证号码与更改姓名前一致的，无需提交公安部门证明，只需提交新的身份证件复印件。主体资格文件更改名称后，其统一社会信用代码与更改名称前一致的，只需提交新的主体资格文件复印件。主体资格文件要求参照合伙企业设立登记提交材料规范。

◆法人、其他组织委派的执行合伙事务的代表变更的，提交其继任代表的自然人身份证明复印件和继任委派书。

◆合伙人退伙的，提交的变更决定书应当载明退伙事由，填写《全体合伙人名录及出资情况》。合伙协议对合伙份额继承另有规定的，从其规定。

◆新合伙人入伙的，提交新合伙人的主体资格文件或者自然人身份证明、住所证明、入伙协议、《全体合伙人名录及出资情况》。其中，外资合伙企业还需提交外商投资企业法律文件送达授权委托书。新合伙人主体资格文件要求参照合伙企业设立登记提交材料规范。

◆合伙企业变更企业类型的，应当办理企业名称变更。涉及其他登记事项变更，应当同时申请变更登记，按相应的提交材料规范提交材料。普通合伙企业变更为特殊的普通合伙企业，法律、行政法规规定需要提交合伙人的职业资格证明的，提交相应证明。

◆合伙人增加或减少对合伙企业出资的，提交修改后或补充的合伙协议（由全体合伙人或者合伙协议约定的人员签署确认）。

5. 法律、行政法规或者国务院规定变更事项须经批准的，还应当提交有关批准文件复印件。

6. 已领取纸质版营业执照的缴回营业执照正、副本。

注：依照《合伙企业法》、《外商投资法》、《市场主体登记管理条例》、原《合伙企业登记管理办法》、《外国企业或者个人在中国境内设立合伙企业管理办法》设立的合伙企业变更登记适用本规范。

【3】合伙企业备案提交材料规范

1.《合伙企业登记（备案）申请书》。

2. 备案事项涉及合伙协议修改的，提交全体合伙人或者合伙协议约定的人员签署的变更决定书。

3. 备案事项相关证明文件。

◆合伙协议修改备案的，提交修改或补充的合伙协议（由全体合伙人或者合伙协议约定的人员签署）。

◆合伙期限备案的，提交变更决定书、修改或补充的合伙协议（由全体合伙人或者合伙协议约定的人员签署）。

◆更换登记联络员，填写《联络员信息表》，提交联络员的身份证明复印件（使用纸质材料办理登记的，直接在申请书中粘贴身份证复印件）。

◆合伙人认缴或者实际缴付的出资数额、缴付期限和出资方式备案的，提交《全体合伙人名录及出资情况》，同时提交修改或补充的合伙协议（由全体合伙人或者合伙协议约定的人员签署）。

◆更换境外投资者法律文件送达接受人，被授权人为自然人的，提交《外商投资企业法律文件送达授权委托书》及被授权人身份证明复印件。被授权人为非自然人的，提交《外商投资企业法律文件送达授权委托书》、被授权人的主体资格文件复印件及被授权联系人身份证明复印件。

注：依照《合伙企业法》、《外商投资法》、《市场主体登记管理条例》、原《合伙企业登记管理办法》、《外国企业或者个人在中国境内设立合伙企业管理办法》设立的合伙企业备案适用本规范。

【4】合伙企业注销登记提交材料规范

1. 《企业注销登记申请书》。

2. 合伙企业依照《合伙企业法》作出解散的决议或者决定，人民法院的破产裁定、解散裁判文书。被行政机关依法责令关闭的、依法被吊销营业执照或被撤销市场主体登记的，提交被责令关闭、被吊销营业执照或被撤销市场主体登记的文件。

3. 人民法院指定清算人、破产管理人申请注销登记的，应提交人民法院指定其为清算人、破产管理人的证明。

4. 全体合伙人签署的清算报告。

5. 清税证明材料。

6. 仅通过报纸发布债权人公告的，需要提交依法刊登公告的报纸样张。

7. 法律、行政法规或者国务院规定注销合伙企业须经批准的，提交有关批准文件复印件。

8. 已领取纸质版营业执照的缴回营业执照正、副本。

注：1. 依照《合伙企业法》、《外商投资法》、《市场主体登记管理条例》、原《合伙企业登记管理办法》、《外国企业或者个人在中国境内设立合伙企业管理办法》设立的合伙企业注销登记适用本规范。

2. 申请简易注销登记的，提交《简易注销全体投资人承诺书》，提交此规范第1、8项材料。

3. 经人民法院裁定宣告破产并终结破产程序、强制清算程序终结后办理注销登记的，提交此规范第1、3、8项材料以及人民法院宣告破产的裁定书和终结破产程序的裁定书原件、人民法院终结强制清算程序的裁定书原件（包括以无法清算或无法全面清算为由作出的裁定）。

【5】合伙企业分支机构设立登记提交材料规范

1. 《分支机构登记（备案）申请书》。

2. 经营场所使用相关文件。

3. 隶属合伙企业的营业执照复印件。

4. 全体合伙人委派执行分支机构事务负责人的委托书和其身份证明复印件（使用纸质材料办理登记的，在申请书中粘贴身份证复印件，由分支机构隶属合伙企业的执行事务合伙人在申请书中签署确认分支机构负责人的任职信息）。

5. 法律、行政法规和国务院决定规定在登记前须报经批准的或申请登记的经营范围中有法律、行政法规和国务院决定规定须在登记前报经批准的项目，提交有关批准文件或者许可证件的复印件。

注：1. 依照《合伙企业法》、《外商投资法》、《市场主体登记管理条例》、原《合伙企业登记管理办法》、《外国企业或者个人在中国境内设立合伙企业管理办法》设立的合伙企业分支机构申请设立登记适用本规范。

2. 合伙企业分支机构设立免于提交隶属合伙企业的合伙协议。

【6】合伙企业分支机构变更登记（备案）提交材料规范

1. 《分支机构登记（备案）申请书》。

2. 变更事项相关证明文件。

◆变更名称的，应当向有管辖权的登记机关提出申请。因其隶属的合伙企业名称变更而申请变更分支机构名称的，提交隶属的合伙企业变更后的营业执照复印件。

◆变更经营场所的，提交变更后的经营场所使用相关文件。

◆变更负责人的，提交全体合伙人签署的任免信息或者依合伙协议作出的任免决定及新负责人的身份证明复印件（使用纸质材料办理登记的，在申请书中粘贴身份证复印件，由分支机构隶属合伙企业的执行事务合伙人在申请书中签署确认分支机构负责人的任职信息）。负责人更改姓名的，提交公安部门出具的证明（自然人更改姓名后，其身份证号码与更改姓名前一致的，无需提交公安部门证明，只需提交新的身份证件复印件）。

◆变更经营范围的，变更后经营范围涉及法律、行政法规和国务院决定规定必须在登记前报经批准的项目，提交有关批准文件或者许可证件的复印件。

◆因隶属的合伙企业登记事项发生变更而申请分支机构变更的，还应提交隶属合伙企业营业执照复印件。

3. 法律、行政法规或者国务院规定变更合伙企业分支机构须经批准的，提交有关批准文件复印件。

4. 备案事项证明文件。

◆更换登记联络员，填写《联络员信息表》，提交联络员的身份证明复印件（使用纸质材料办理登记的，在申请书中粘贴身份证复印件）。

5. 办理变更登记的，已领取纸质版营业执照的缴回营业执照正、副本。

注：依照《合伙企业法》、《外商投资法》、《市场主体登记管理条例》、原《合伙企业登记管理办法》、《外国企业或者个人在中国境内设立合伙企业管理办法》设立的合伙企业分支机构变更登记、备案适用本规范。

【7】合伙企业分支机构注销登记提交材料规范

1.《分支机构登记（备案）申请书》。

2. 全体合伙人签署的注销分支机构决定书。

3. 人民法院指定清算人、破产管理人申请注销登记的，应提交人民法院指定其为清算人的证明。

4. 清税证明材料。

5. 法律、行政法规或者国务院规定注销合伙企业分支机构须经批准的，提交有关批准文件复印件。

6. 已领取纸质版营业执照的缴回营业执照正、副本。

注： 1. 依照《合伙企业法》、《外商投资法》、《市场主体登记管理条例》、《外国企业或者个人在中国境内设立合伙企业管理办法》设立的合伙企业分支机构注销登记适用本规范。

2. 申请简易注销登记的，提交《简易注销全体投资人承诺书》，提交此规范第1、6项材料。

3. 合伙企业分支机构注销登记免于提交依法作出注销的决议、决定，或者被行政机关吊销营业执照、责令关闭、撤销的文件。免于提交清算报告、负责清理债权债务的文件或者清理债务完结的证明。

4. 合伙企业经人民法院裁定宣告破产并终结破产程序、强制清算程序终结后，分支机构办理注销登记的，提交此规范第1、3、6项材料以及人民法院宣告破产的裁定书和终结破产程序的裁定书原件、人民法院终结强制清算程序的裁定书原件（包括以无法清算或无法全面清算为由作出的裁定）。

五、个人独资企业登记（备案）提交材料规范

【1】个人独资企业设立登记提交材料规范

1.《个人独资企业登记（备案）申请书》。

2. 投资人身份证件复印件（在申请书中粘贴身份证复印件即可）。

3. 住所相关文件。

4. 法律、行政法规和国务院决定规定在登记前须报经批准的

或申请登记的经营范围中有法律、行政法规和国务院决定规定须在登记前报经批准的项目，提交有关批准文件或者许可证件的复印件。

注：依照《个人独资企业法》、《市场主体登记管理条例》、原《个人独资企业登记管理办法》设立的个人独资企业申请设立登记适用本规范。

【2】个人独资企业变更登记（备案）提交材料规范

1. 《个人独资企业登记（备案）申请书》。

2. 变更事项相关证明文件。

◆变更名称的，应当向有管辖权的登记机关提出申请。

◆变更住所的，提交变更后的住所使用相关文件。

◆变更经营范围的，申请登记的经营范围中有法律、行政法规和国务院决定规定必须在登记前报经批准的项目，提交有关批准文件或者许可证件的复印件。

◆变更出资额的，应当向登记机关提出申请。

◆变更投资人的，提交转让协议书，以及变更后投资人的身份证件复印件（使用纸质材料办理登记的，直接在申请书中粘贴身份证复印件）。

因继承、受遗赠变更投资人的，可以提交经公证的材料或者生效的法律文书等其他继承证明材料。

◆变更投资人的姓名、居所的，提交投资人姓名、住所变更证明，变更后的身份证明或居住证复印件。自然人更改姓名后，其身份证号码与更改姓名前一致的，无需提交公安部门证明，只需提交新的身份证件复印件。

3. 备案相关事项证明文件。

◆更换登记联络员，填写《联络员信息表》，提交联络员的身份证明复印件（使用纸质材料办理登记的，直接在申请书中粘贴身份证复印件）。

4. 法律、行政法规和国务院决定规定企业变更事项必须报经批准的，提交有关的批准文件或者许可证件复印件。

5. 办理变更登记的，已领取纸质版营业执照的缴回营业执照正、副本。

注：依照《个人独资企业法》、《市场主体登记管理条例》、原《个人独资企业登记管理办法》设立的个人独资企业申请变更登记、备案适用本规范。

【3】个人独资企业注销登记提交材料规范

1.《企业注销登记申请书》。

2. 投资人或人民法院确认的清算报告。

3. 清算人申请注销登记的，应提交人民法院指定其为清算人的证明。

4. 清税证明材料。

5. 法律、行政法规或者国务院规定注销个人独资企业须经批准的，提交有关批准文件复印件。

6. 已领取纸质版营业执照的缴回营业执照正、副本。

注：1. 依照《个人独资企业法》、《市场主体登记管理条例》、原《个人独资企业登记管理办法》设立的个人独资企业申请注销登记适用本规范。

2. 申请简易注销登记的，提交《简易注销全体投资人承诺书》，提交此规范第1、6项材料。

3. 经人民法院裁定强制清算程序终结后办理注销登记的，提交此规范第1、3、6项材料以及人民法院终结强制清算程序的裁定书原件（包括以无法清算或无法全面清算为由作出的裁定）。

【4】个人独资企业分支机构设立登记提交材料规范

1.《分支机构登记（备案）申请书》。

2. 经营场所使用相关文件。

3. 投资人委派分支机构负责人的委托书及身份证件复印件（在申请书中粘贴身份证复印件和签署委派信息即可）。

4. 法律、行政法规和国务院决定规定在登记前须报经批准的或申请登记的经营范围中有法律、行政法规和国务院决定规定须在登记前报经批准的项目，提交有关批准文件或者许可证件的复印件。

注：依照《个人独资企业法》、《市场主体登记管理条例》、原《个人独资企业登记管理办法》设立的个人独资企业分支机构申请设立登记适用本规范。

【5】个人独资企业分支机构变更登记（备案）提交材料规范

1. 《分支机构登记（备案）申请书》。

2. 变更事项相关证明文件。

◆变更名称的，应当向有管辖权的登记机关提出申请。因企业名称变更而申请变更分支机构名称的，提交变更后企业营业执照复印件。

◆变更经营场所的，提交变更后的经营场所使用相关文件。

◆变更负责人的，应当向登记机关提出申请（使用纸质材料办理登记的，在申请书中粘贴新任分支机构负责人的身份证复印件，由分支机构隶属个人独资企业的投资人在申请书中签署确认分支机构负责人的任职信息）。负责人更改姓名的，提交公安部门出具的证明变更后的身份证明复印件（自然人更改姓名后，其身份证号码与更改姓名前一致的，无需提交公安部门证明，只需提交新的身份证件复印件）。

◆变更经营范围的，变更后经营范围涉及法律、行政法规和国务院决定规定必须在登记前报经批准的项目，提交有关批准文件或者许可证件的复印件。

◆变更投资人姓名和居所的，提交投资人姓名和居所变更证明，变更后的身份证明复印件（自然人更改姓名后，其身份证号码与更改姓名前一致的，无需提交公安部门证明，只需提交新的身份证件复印件）。

3. 法律、行政法规规定分支机构变更登记事项必须报经批准的，提交有关的批准文件或者许可证件复印件。

4. 备案事项证明文件。

◆更换登记联络员，填写《联络员信息表》，提交联络员的身份证明复印件（使用纸质材料办理登记的，直接在申请书中粘贴身份证复印件）。

5. 办理变更登记的，已领取纸质版营业执照的缴回营业执照正、副本。

注： 依照《个人独资企业法》、《市场主体登记管理条例》、原《个人独资企业登记管理办法》设立的个人独资企业分支机构申请变更登记、备案适用本规范。

【6】个人独资企业分支机构注销登记提交材料规范

1. 《分支机构登记（备案）申请书》。

2. 清税证明材料。

3. 清算人申请注销登记的，应提交人民法院指定其为清算人的证明。

4. 法律、行政法规或者国务院规定注销个人独资企业分支机构须经批准的，提交有关批准文件复印件。

5. 已领取纸质版营业执照的缴回营业执照正、副本。

注： 1. 依照《个人独资企业法》、《市场主体登记管理条例》设立的个人独资企业分支机构办理注销登记适用本规范。

2. 申请简易注销登记的，提交《简易注销全体投资人承诺书》，提交此规范第1、5项材料。

3. 个人独资企业分支机构注销登记免于提交依法作出注销的决议、决定，或者被行政机关吊销营业执照、责令关闭、撤销的文件。免于提交清算报告、负责清理债权债务的文件或者清理债务完结的证明。

4. 企业经人民法院裁定强制清算程序终结，分支机构办理注销登记的，提交此规范第1、3、5项材料以及人民法院终结强制清算程序的裁定书原件（包括以无法清算或无法全面清算为由作出的裁定）。

六、外国企业常驻代表机构登记提交材料规范

【1】外国企业常驻代表机构设立登记提交材料规范

1.《外国（地区）企业常驻代表机构登记（备案）申请书》。

2. 外国（地区）企业住所证明和存续2年以上的合法营业证明。指隶属外国（地区）企业所在国家或者地区有关部门出具的外国（地区）企业存续2年以上的主体资格文件或其他有关营业证明。

3. 外国（地区）企业的章程或者组织协议。

4. 外国（地区）企业出具的对有权签字人的授权或证明文件。

5. 外国（地区）企业对首席代表、代表的任命文件。

6. 同外国（地区）企业有业务往来的金融机构出具的资信证明。

第2至6项的文件应经外国企业所属国家或地区公证机关及其有权机构认证，并经中华人民共和国驻该国（或代管该地区）使领馆认证。如其本国与我国没有外交关系，则应当经与我国有外交关系的第三国驻该国使（领）馆认证，再由我国驻该第三国使（领）馆认证。某些国家的海外属地出具的文书，应先在该属地办妥公证，再经该国外交机构认证，最后由我国驻该国使（领）馆认证。港澳台地区企业代表机构有关文件的公证认证按现行规定办理。

7. 首席代表、代表的简历和身份证明。

8. 代表机构驻在场所的合法使用相关文件。

9. 批准机关的批准文件。法律、行政法规或者国务院规定代表机构从事的业务活动须经批准的，应当取得批准。

10. 按照中国缔结或者参加的国际条约、协定规定设立从事营利性活动的代表机构，还应当依法提交相应文件。

11. 代表机构设立登记，外国（地区）企业应当在登记机关指定的媒体上向社会公告。

12. 同外国（地区）企业有业务往来的金融机构为中国大陆地区境内金融机构的，无需公证认证。

13. 提交的文件若用外文书写，需提交中文翻译（加盖翻译单位印章），并提交翻译单位营业执照复印件。

注：根据《外国企业常驻代表机构登记管理条例》等规定，外国企业申请在中国境内设立从事与该外国企业业务有关的非营利性活动办事机构适用本规范。

【2】外国企业常驻代表机构变更登记（备案）提交材料规范

1.《外国（地区）企业常驻代表机构登记（备案）申请书》。

2. 变更（备案）相关事项证明文件。

◆代表机构名称变更，提供外国（地区）企业存续 2 年以上的合法营业证明及同外国（地区）企业有业务往来的金融机构出具的资信证明。合法营业证明由隶属外国（地区）企业所在国家或者地区有关部门出具，证明该企业主体资格或其他有关营业存续 2 年以上。

◆驻在场所变更，提供驻在场所合法使用相关文件。

◆首席代表变更或代表备案，填写外国（地区）企业常驻代表机构首席代表/代表信息表，提供首席代表/代表的任免文件和其新任首席代表/代表的身份证明及简历。

◆驻在期限变更，提供外国（地区）企业存续 2 年以上的合法营业证明复印件和资信证明。合法营业证明，由隶属外国（地区）企业所在国家或者地区有关部门出具，证明该企业主体资格或其他有关营业存续 2 年以上；资信证明应提交同该外国（地区）企业有业务往来的金融机构出具的资本信用证明原件。

◆外国（地区）企业名称、住所变更。由该外国（地区）企业所在国家（地区）法定登记机关出具的准予名称、住所变更的证明文件。

◆外国（地区）企业有权签字人备案，提供外国（地区）企业出具的对有权签字人的授权或证明文件。

◆外国（地区）企业责任形式、资本（资产）、经营范围备案，提供外国（地区）企业责任形式、资本（资产）、经营范围发生变动的证明文件。

第 2 项涉及外国（地区）企业的变更证明文件应经外国企业所属国家或地区公证机关及其有权机构认证，并经中华人民共和国驻该国（或代管该地区）使领馆认证。如其本国与我国没有外交关系，则应当经与我国有外交关系的第三国驻该国使（领）馆认证，再由我国驻该第三国使（领）馆认证。某些国家的海外属地出具的文书，应先在该属地办妥公证，再经该国外交机构认证，最后由我国驻该国使（领）馆认证。港澳台地区企业代表机构有关文件的公证认证按现行规定办理。

3. 批准机关的批准文件。法律、行政法规或者国务院规定须经批准的，应当取得批准。外国（地区）企业应自批准之日起 30 日内向登记机关申请变更登记，逾期申请变更登记的，外国（地区）企业应报批准机关确认原批准文件的效力或另行报批。

4. 办理变更登记提交登记证，办理备案提交登记证复印件。办理首席代表变更或代表备案还须提交代表证。

5. 代表机构变更，外国（地区）企业应当在登记机关指定的媒体上向社会公告。

6. 提交的文件若用外文书写，需提交中文翻译（加盖翻译单位印章），并提交翻译单位营业执照复印件。

注：根据《外国企业常驻代表机构登记管理条例》等规定，外国企业在中国境内设立的从事与该外国企业业务有关的非营利性活动办事机构，申请变更登记（备案）适用本规范。

【3】外国企业常驻代表机构注销登记提交材料规范

1.《外国（地区）企业常驻代表机构登记（备案）申请书》。

2. 代表机构税务登记注销证明（登记机关和税务部门已共享清税信息的，无需提交纸质清税证明材料）。

3. 海关、外汇部门出具的证明。指海关、外汇部门出具的相关事宜已清理完结或者该代表机构未办理相关手续的证明。

4. 原批准机关同意注销的文件。

5. 登记证、代表证。

注：根据《外国企业常驻代表机构登记管理条例》等规定，外国企业在中国境内设立的从事与该外国企业业务有关的非营利性活动办事机构，申请注销登记适用本规范。

七、外国（地区）企业在中国境内从事生产经营活动登记提交材料规范

【1】外国（地区）企业在中国境内从事生产经营活动开业登记提交材料规范

1.《外国（地区）企业在中国境内从事生产经营活动登记（备案）申请书》。

2. 审批机关的批准文件。

3. 外国（地区）企业的合法开业证明。外国（地区）企业的合法开业证明应经其本国主管机关公证后送我国驻该国使（领）馆认证。如其本国与我国没有外交关系，则应当经与我国有外交关系的第三国驻该国使（领）馆认证，再由我国驻该第三国使（领）馆认证。某些国家的海外属地出具的文书，应先在该属地办妥公证，再经该国外交机构认证，最后由我国驻该国使（领）馆认证。香港、澳门和台湾地区企业的合法开业证明应当按照专项规定或协议依法提供当地公证机构的公证文件。

4. 中方合作单位出具的介绍函［金融、保险类外国（地区）企业无需提交］。

5. 项目合同［金融、保险类外国（地区）企业无需提交］。从事合作开发石油、承包工程、承包或接受委托经营管理的外国（地区）企业所提供的合同（摘要）中应明确其从事生产经营活动的总费用。

6. 外国（地区）企业的资信证明［金融、保险类外国（地区）企业无需提交］。由与本企业有业务往来的金融机构出具。

7. 外国（地区）企业董事长或总经理对负责人的任命书。

8. 验资报告［仅限金融、保险类外国（地区）企业提交］。

9. 外国（地区）企业章程及董事会成员名单［仅限金融、保险类外国（地区）企业提交］。

10. 住所（经营场所）合法使用相关文件。

注：根据国家有关法律、法规和《外国（地区）企业在中国境内从事生产经营活动登记管理办法》等规定，外国企业申请在中国境内从事生产经营活动适用本规范。

【2】外国（地区）企业在中国境内从事生产经营活动变更登记（备案）提交材料规范

1.《外国（地区）企业在中国境内从事生产经营活动登记（备案）申请书》。

2. 审批机关的批准文件及中方合作单位出具的介绍函。金融、保险类外国（地区）企业无需提交介绍单位的介绍函。

3. 变更（备案）相关事项证明文件。

◆变更名称，提供外国（地区）企业名称变更证明。外国（地区）企业的名称变更证明应经其本国主管机关公证后送我国驻该国使（领）馆认证。如其本国与我国没有外交关系，则应当经与我国有外交关系的第三国驻该国使（领）馆认证，再由我国驻该第三国使（领）馆认证。某些国家的海外属地出具的文书，应先在该属地办妥公证，再经该国外交机构认证，最后由我国驻该国使（领）馆认证。香港、澳门和台湾地区企业的名称变更证明应当按照专项规定或协议依法提供当地公证机构的公证文件。

◆变更地址（营业场所），提供变更后地址（营业场所）的合法使用相关文件。

◆变更负责人，提供负责人的任免文件及新任负责人身份证明复印件。

◆变更经营范围，提供新增项目合同。外国（地区）金融、保险类企业无需提交；从事石油、矿产资源勘探开发生产、承包工程、承包或接受委托经营管理的外国（地区）企业所提供的新增项目合同（摘要）中应明确其从事生产经营活动阶段期限及费用总额。

◆变更经营期限，在中国进行矿产资源勘探开发生产，进入生产期的外国（地区）企业，提供生产经营活动费用确认函。

◆变更资金数额，外国（地区）金融、保险类企业，提供验资报告。

◆增设分支机构备案，提供分支机构营业执照复印件。

4. 变更登记提交营业执照正、副本原件，备案提交营业执照复印件。

注：根据国家有关法律、法规和《外国（地区）企业在中国境内从事生产经营活动登记管理办法》等规定，在中国境内从事生产经营活动的外国企业申请变更登记（备案）适用本规范。

【3】外国（地区）企业在中国境内从事生产经营活动注销登记提交材料规范

1. 《外国（地区）企业在中国境内从事经营活动登记（备案）申请书》。

2. 项目主管部门的批准文件。

3. 清算报告。外国（地区）金融、保险类企业提交，应包括清算期内已公告的说明。

4. 清税证明材料。

5. 已领取纸质版营业执照的缴回营业执照正、副本。

注： 1. 根据国家有关法律、法规和《外国（地区）企业在中国境内从事生产经营活动登记管理办法》等规定，在中国境内从事生产经营活动的外国企业申请注销登记适用本规范。

2. 申请简易注销登记的，提交《简易注销全体投资人承诺书》，提交此规范第1、2、5项材料。

第二部分　农民专业合作社登记（备案）提交材料规范

【1】农民专业合作社（联合社）设立登记提交材料规范

1. 《农民专业合作社登记（备案）申请书》。
2. 全体设立人签名、盖章的设立大会纪要。
3. 全体设立人签名、盖章的章程。
4. 法定代表人、理事的任职文件和身份证明。
5. 全体出资成员签名、盖章的出资清单。
6. 法定代表人签署的成员名册和成员主体资格文件或自然人身份证明复印件。
7. 住所使用相关文件。
8. 农民专业合作社申请登记的业务范围中有法律、行政法规或者国务院决定规定必须在登记前报经批准的项目，应当提交有关的许可证书或者批准文件复印件。

注： 依照《农民专业合作社法》、《市场主体登记管理条例》设立的农民专业合作社（联合社）申请设立登记适用本规范。

【2】农民专业合作社（联合社）变更登记提交材料规范

1. 《农民专业合作社登记（备案）申请书》。
2. 变更登记事项涉及合作社（联合社）章程修改的，提交修改章程的决议。

3. 修改后的章程或者章程修正案（由法定代表人签署）。

4. 变更事项相关证明文件。

◆变更名称的，应当向有管辖权的登记机关提出申请。

◆变更住所的，提交变更后住所的使用相关文件。

◆变更法定代表人的，根据合作社（联合社）章程的规定提交任免职决议；法定代表人更改姓名的，提交公安部门出具的证明（自然人更改姓名后，其身份证号码与更改姓名前一致的，无需提交公安部门证明，只需提交新的身份证件复印件）。

◆变更出资总额的提交全体出资成员签名、盖章，法定代表人签署的修改后的《农民专业合作社成员出资清单》。

◆变更业务范围的，申请登记的业务范围中有法律、行政法规和国务院决定规定必须在登记前报经批准的项目，提交有关批准文件或者许可证件的复印件。

5. 法律、行政法规和国务院决定规定合作社（联合社）变更事项必须报经批准的，提交有关的批准文件或者许可证件复印件。

6. 已领取纸质版营业执照的缴回营业执照正、副本。

注：依照《农民专业合作社法》、《市场主体登记管理条例》设立的农民专业合作社（联合社）申请变更登记适用本规范。

【3】农民专业合作社（联合社）备案提交材料规范

1. 《农民专业合作社登记（备案）申请书》。

2. 备案事项证明文件。

◆章程备案，提交修改后的合作社（联合社）章程或者章程修正案（法定代表人签署）；关于修改合作社（联合社）章程的决议、决定。

◆成员变动备案，提交由法定代表人签署的成员名册及新增成员的主体资格文件或自然人身份证明复印件。

◆更换登记联络员，填写《联络员信息表》，提交联络员的身份证明复印件（使用纸质材料办理登记的，在申请书中粘贴身份证复印件）。

3. 法律、行政法规和国务院决定规定备案事项必须报经批准的，提交有关的批准文件或者许可证件复印件。

注：依照《农民专业合作社法》、《市场主体登记管理条例》设立的农民专业合作社（联合社）申请备案适用本规范。

【4】农民专业合作社（联合社）注销登记提交材料规范

1.《农民专业合作社登记（备案）申请书》。

2. 成员大会或者成员代表大会依法作出的解散决议，或农民专业合作社依法被吊销营业执照或者被撤销的文件，或人民法院的破产裁定、解散裁判文书。

3. 成员大会、成员代表大会或者人民法院确认的清算报告。

4. 清算人、破产管理人申请注销登记的，应提交人民法院指定其为清算人、破产管理人的证明。

5. 清税证明材料。

6. 仅通过报纸发布债权人公告的，需要提交依法刊登公告的报纸样张。

7. 因合并、分立而解散的农民专业合作社申请注销登记还应当提交：

（1）法定代表人签署的《农民专业合作社登记（备案）申请书》；

（2）成员大会或者成员代表大会依法作出的解散决议、成员大会或者成员代表大会做出的债务清偿或者债务担保情况的说明、营业执照。

8. 法律、行政法规或者国务院规定注销合作社（联合社）须经批准的，提交有关批准文件复印件。

9. 已领取纸质版营业执照的缴回营业执照正、副本。

注：1. 依照《农民专业合作社法》、《市场主体登记管理条例》设立的农民专业合作社（联合社）申请注销登记适用本规范。

2. 申请简易注销登记的，提交《简易注销全体投资人承诺书》，提交此规范第1、9项材料。

3. 经人民法院裁定宣告破产并终结破产程序、强制清算程序终结后办理注销登记的，提交此规范第1、4、9项材料以及人民法院宣告破产的裁定书和终结破产程序的裁定书原件、人民法院终结强制清算程序的裁定书原件（包括以无法清算或无法全面清算为由作出的裁定）。

【5】农民专业合作社（联合社）分支机构设立登记提交材料规范

1. 《分支机构登记（备案）申请书》。
2. 经营场所使用相关文件。
3. 合作社（联合社）营业执照复印件。
4. 分支机构负责人的任职文件。
5. 法律、行政法规和国务院决定规定在登记前须报经批准的或申请登记的经营范围中有法律、行政法规和国务院决定规定须在登记前报经批准的项目，提交有关批准文件或者许可证件的复印件。

注： 1. 依照《农民专业合作社法》、《市场主体登记管理条例》设立的农民专业合作社（联合社）分支机构申请设立登记适用本规范。

2. 农民专业合作社（联合社）分支机构设立登记免于提交农民专业合作社（联合社）章程。

【6】农民专业合作社（联合社）分支机构变更登记（备案）提交材料规范

1. 《分支机构登记（备案）申请书》。
2. 变更事项相关证明文件。

◆变更名称的，填写《分支机构登记（备案）申请书》。因合作社（联合社）企业名称变更而申请变更分支机构名称的，提交变更后合作社（联合社）营业执照复印件。

◆变更经营场所的，提交变更后的经营场所使用相关文件。

◆变更负责人的，填写《分支机构登记（备案）申请书》。负责人更改姓名的，提交公安部门出具的证明（自然人更改姓名后，其身份证号码与更改姓名前一致的，无需提交公安部门证明，只需提交新的身份证件复印件）。

◆变更业务范围的，变更后业务范围涉及法律、行政法规和国务院决定规定必须在登记前报经批准的项目，提交有关批准文件或者许可证件的复印件。

3. 法律、行政法规或者国务院规定变更合作社（联合社）分支机构须经批准的，提交有关批准文件复印件。

4. 备案事项证明文件。

◆更换登记联络员，填写《联络员信息表》，提交联络员的身份证明复印件（使用纸质材料办理变更登记的，在申请书中粘贴身份证复印件）。

5. 办理变更登记的，已领取纸质版营业执照的缴回营业执照正、副本。

注：依照《农民专业合作社法》、《市场主体登记管理条例》设立的农民专业合作社（联合社）分支机构申请变更登记、备案适用本规范。

【7】农民专业合作社（联合社）分支机构注销登记提交材料规范

1. 《分支机构登记（备案）申请书》。

2. 清算人、破产管理人申请注销登记的，应提交人民法院指定其为清算人、破产管理人的证明。

3. 清税证明材料。

4. 法律、行政法规或者国务院规定注销合作社（联合社）分支机构须经批准的，提交有关批准文件复印件。

5. 已领取纸质版营业执照的缴回营业执照正、副本。

注： 1. 依照《农民专业合作社法》、《市场主体登记管理条例》设立的农民专业合作社分支机构申请注销登记适用本规范。

2. 申请简易注销登记的，提交《简易注销全体投资人承诺书》，提交此规范第1、5项材料。

3. 农民专业合作社（联合社）分支机构注销登记免于提交依法作出注销的决议、决定，或者被行政机关吊销营业执照、责令关闭、撤销的文件。免于提交清算报告、负责清理债权债务的文件或者清理债务完结的证明。

4. 农民专业合作社（联合社）经人民法院裁定宣告破产并终结破产程序、强制清算程序终结，分支机构办理注销登记的，提交此规范第1、2、5项材料以及农民专业合作社（联合社）经人民法院宣告破产的裁定书和终结破产程序的裁定书原件、人民法院终结强制清算程序的裁定书原件（包括以无法清算或无法全面清算为由作出的裁定）。

第三部分　个体工商户登记（备案）提交材料规范

【1】个体工商户设立登记提交材料规范

1. 《个体工商户登记（备案）申请书》。

2. 经营者身份证件复印件。

◆申请登记为家庭经营的，提交居民户口簿或者结婚证复印件，同时提交参加经营的家庭成员身份证件复印件。

◆香港特别行政区、澳门特别行政区经营者提交当地永久性居民身份证、特别行政区护照或者内地公安部门颁发的港澳居民居住证、内地出入境管理部门颁发的往来内地通行证复印件。

◆台湾地区经营者提交大陆公安部门颁发的台湾居民居住证、大陆出入境管理部门颁发的台湾居民往来大陆通行证复印件。台湾农民提交农民身份有关证明，包括加入台湾农业组织证明或台湾农民健康保险证明或台湾农民老年津贴证明等。

3. 经营场所使用相关文件。

4. 法律、行政法规和国务院决定规定在登记前须报经批准的或申请登记的经营范围中有法律、行政法规和国务院决定规定须在登记前报经批准的项目，提交有关批准文件或者许可证件的复印件。

注：依照《个体工商户条例》、《市场主体登记管理条例》设立的个体工商户申请设立登记适用本规范。

【2】个体工商户变更登记（备案）提交材料规范

1.《个体工商户登记（备案）申请书》。

2. 变更事项相关证明文件。

◆变更名称的，应当向有管辖权的登记机关提出申请。

◆在同一登记机关辖区范围内变更经营场所的，应提交变更后的经营场所所使用相关文件。

◆变更经营范围的，申请登记的经营范围中有法律、行政法规和国务院决定规定必须在登记前报经批准的项目，提交有关批准文件或者许可证件的复印件。

◆变更经营者的姓名、住所的，提交公安部门出具的经营者姓名变更证明（身份证号码一致的无需提交，只需提交新的身份证件复印件），变更后的身份证明或居住证复印件。

因继承发生经营者变更的，提交继承证明材料。

3. 备案相关事项证明文件。

◆参加家庭经营的家庭成员姓名备案，应当向登记机关提出申请。

◆涉及其他登记事项变更的，应当同时申请变更登记，按相应的提交材料规范提交相应的材料。

◆更换登记联络员，填写《联络员信息表》，提交联络员的身份证明复印件（使用纸质材料办理登记的，直接在申请书中粘贴身份证复印件）。

4. 办理变更登记，已领取纸质版营业执照的缴回营业执照正、副本。

注：依照《个体工商户条例》、《市场主体登记管理条例》设立的个体工商户申请变更登记、备案适用本规范。

【3】个体工商户注销登记提交材料规范

1.《个体工商户登记（备案）申请书》。

2. 清税证明材料。

3. 已领取纸质版营业执照的缴回营业执照正、副本。

注：1. 依照《个体工商户条例》、《市场主体登记管理条例》设立的个体工商户申请注销登记适用本规范。

2. 申请简易注销登记的，提交第1、3项材料。

第四部分　证照管理事务提交材料规范

【1】企业迁移调档提交材料规范

1.《市场主体迁移申请书》。

2. 迁入地登记机关开具的准予迁入调档函（仅用于迁出地登记机关收取）。

3. 企业营业执照复印件。

注：1. 涉及登记事项变更的，应当在迁入同时申请办理变更登记。

2. 迁入地登记机关接收到登记管理档案后，为市场主体办理登记。

【2】申请增加、减少证照提交材料规范

1.《增、减、补、换发证照申请书》。

2. 已领取纸质版营业执照的缴回营业执照正、副本；已领取纸质版外国（地区）企业常驻代表机构登记证、代表证的缴回登

记证、代表证。

【3】证照遗失补领、换发申请提交材料规范

1. 《增、减、补、换发证照申请书》。

2. 报纸公告样张（已在国家企业信用信息公示系统公示营业执照作废声明的不需提交）。

3. 已领取纸质版营业执照的缴回营业执照正、副本（遗失除外）；已领取外国（地区）企业常驻代表机构登记证、代表证的缴回登记证、代表证（遗失除外）。

注： 注销登记可免予提交第1项。

第五部分　股权出质登记提交材料规范

【1】股权出质设立登记提交材料规范

1. 《股权出质登记申请书》。

2. 记载有出质人姓名（名称）及其出资额的有限责任公司股东名册复印件或者出质人持有的股份公司股票复印件（均需加盖股权所在公司公章）。

3. 质权合同。

4. 出质人、质权人的主体资格文件或者自然人身份证明。

◆出质人、质权人为企业的，提交加盖企业公章的营业执照复印件。

◆出质人、质权人为事业法人的，提交加盖事业法人公章的事业单位法人登记证书复印件。

◆出质人、质权人股东为社团法人的，提交加盖社团法人公章的社会团体法人登记证复印件。

◆出质人、质权人为民办非企业单位的，提交加盖单位公章的民办非企业单位登记证书复印件。

◆出质人、质权人为自然人的，提交身份证件复印件并由本

人签名。

◆出质人、质权人为外国投资者的，其主体资格文件或身份证明应当经所在国家公证机关公证并经中国驻该国使（领）馆认证。如其本国与中国没有外交关系，则应当经与中国有外交关系的第三国驻该国使（领）馆认证，再由中国驻该第三国使（领）馆认证。某些国家的海外属地出具的文书，应先在该属地办妥公证，再经该国外交机构认证，最后由中国驻该国使（领）馆认证。中国与有关国家缔结或者共同参加的国际条约对认证另有规定的除外。外国自然人来华投资设立企业，提交的身份证明文件为中华人民共和国外国人永久居留身份证的，无需公证认证。

香港特别行政区、澳门特别行政区和台湾地区投资者的主体资格文件或者身份证明应当按照专项规定或者协议，依法提供当地公证机构的公证文件。香港特别行政区、澳门特别行政区自然人投资者的身份证明为当地永久性居民身份证、特别行政区护照或者内地公安部门颁发的港澳居民居住证、内地出入境管理部门颁发的往来内地通行证；提交港澳居民居住证或者往来内地通行证的，无需公证。大陆公安部门颁发的台湾居民居住证、大陆出入境管理部门颁发的台湾居民往来大陆通行证，可作为台湾地区自然人投资者的身份证明且无需公证认证。

5. 外国（地区）的出质人、质权人为非自然人的，还应提交其有权签字人的被授权文件。

◆其他出质人、质权人提交有关法律法规规定的资格证明。

注：依照《股权出质登记办法》申请股权出质设立登记适用本规范。

【2】股权出质变更登记提交材料规范

1.《股权出质登记申请书》。

2. 属于出质股权数额变更的，提交质权合同修正案或者补充合同。

3. 属于出质人、质权人姓名（名称）更改的，提交姓名或者名称更改的证明文件和更改后的主体资格文件或者自然人身份证明复印件（身份证号码一致的无需提交，只需提交新的身份证件复印件）。

◆出质人、质权人为企业的，提交加盖企业公章的营业执照复印件。

◆出质人、质权人为事业法人的，提交加盖事业法人公章的事业单位法人登记证书复印件。

◆出质人、质权人股东为社团法人的，提交加盖社团法人公章的社会团体法人登记证复印件。

◆出质人、质权人为民办非企业单位的，提交加盖单位公章的民办非企业单位登记证书复印件。

◆出质人、质权人为自然人的，提交身份证件复印件并由本人签名。

◆出质人、质权人为外国投资者的，其主体资格文件或身份证明应当经所在国家公证机关公证并经中国驻该国使（领）馆认证。如其本国与中国没有外交关系，则应当经与中国有外交关系的第三国驻该国使（领）馆认证，再由中国驻该第三国使（领）馆认证。某些国家的海外属地出具的文书，应先在该属地办妥公证，再经该国外交机构认证，最后由中国驻该国使（领）馆认证。中国与有关国家缔结或者共同参加的国际条约对认证另有规定的除外。外国自然人来华投资设立企业，提交的身份证明文件为中华人民共和国外国人永久居留身份证的，无需公证认证。

香港特别行政区、澳门特别行政区和台湾地区投资者的主体资格文件或者身份证明应当按照专项规定或者协议，依法提供当地公证机构的公证文件。香港特别行政区、澳门特别行政区自然人投资者的身份证明为当地永久性居民身份证、特别行政区护照或者内地公安部门颁发的港澳居民居住证、内地出入境管理部门颁发的往来内地通行证；提交港澳居民居住证或者往来内地通行证的，无需公证。大陆公安部门颁发的台湾居民居住证、大陆出入境管理部门颁发的台湾居民往来大陆通行证，可作为台湾地区自然人投资者的身份证明且无需公证认证。

◆其他出质人、质权人提交有关法律法规规定的资格证明。

4. 属于出质股权所在公司名称更改的，提交名称更改的证明文件。

注：依照《股权出质登记办法》申请股权出质变更登记适用本规范。

【3】股权出质注销/撤销登记提交材料规范

1. 《股权出质登记申请书》。

2. 质权合同被依法确认无效或者被撤销的法律文件（仅需办理股权出质撤销登记的提供)。

注：依照《股权出质登记办法》申请股权出质注销/撤销登记适用本规范。

第六部分　歇业备案提交材料规范

【1】歇业备案提交材料规范

1. 《市场主体歇业备案申请书》。

2. 《歇业备案承诺书》。

注：依照《市场主体登记管理条例》及各省、自治区、直辖市人民政府根据法律法规的规定和本地区管理的实际制定的关于歇业备案的相关规定申请歇业备案适用本规范。

图书在版编目（CIP）数据

市场主体登记管理条例实用手册：关联对照、登记文书、登记提交材料 / 《市场主体登记管理条例实用手册》编写组编 . —北京：中国法制出版社，2022. 5

ISBN 978-7-5216-2636-0

Ⅰ. ①市… Ⅱ. ①市… Ⅲ. ①市场主体-企业登记-工商行政管理-条例-中国-手册 Ⅳ. ①D922. 291. 91-62

中国版本图书馆 CIP 数据核字（2022）第 061770 号

责任编辑 成知博（chengzhibo@ zgfzs. com） 封面设计 杨鑫宇

市场主体登记管理条例实用手册：关联对照、登记文书、登记提交材料

SHICHANG ZHUTI DENGJI GUANLI TIAOLI SHIYONG SHOUCE：GUANLIAN DUIZHAO、DENGJI WENSHU、DENGJI TIJIAO CAILIAO

编者/《市场主体登记管理条例实用手册》编写组

经销/新华书店

印刷/三河市紫恒印装有限公司

开本/880 毫米×1230 毫米 32 开 印张/ 6. 75 字数/ 109 千

版次/2022 年 5 月第 1 版 2022 年 5 月第 1 次印刷

中国法制出版社出版

书号 ISBN 978-7-5216-2636-0 定价：28. 00 元

北京市西城区西便门西里甲 16 号西便门办公区

邮政编码：100053 传真：010-63141600

网址：http：//www. zgfzs. com 编辑部电话：010-63141809

市场营销部电话：010-63141612 印务部电话：010-63141606

（如有印装质量问题，请与本社印务部联系。）